THE SCOTTISH FOLKSINGER

THE SCOTTISH FOLKSINGER

118 modern and traditional folksongs
collected and edited by

NORMAN BUCHAN
and PETER HALL

COLLINS
Glasgow and London

First published 1973
New edition 1978
Published by William Collins Sons and Company Limited
ISBN 0 00 411115 X (paperback)
ISBN 0 00 411125 7 (hardback)
© Norman Buchan and Peter Hall, 1973
Printed in Great Britain

CONTENTS

ACKNOWLEDGEMENTS

The editors and publishers are grateful to the following singers, publishers and owners of copyrights who have given permission for songs to be printed in this book:

Aberdeen Folk Song Club for material from the magazine *Chapbook*
Miss Mary Brooksbank for Oh Dear Me and The Spinner's Wedding
Miss Lottie Buchan for the tune of Herrin's Heids
Mrs. Daisie Chapman for Bonnie Ythanside
Mr. Archie Fisher and Dunfermline Public Library for The Shuttle Rins
Mrs. Jeannie Forbes for The Bonnie Fisher Lass
Dr. Helen Fullerton for The Shira Dam
Mr. Tom Gordon for The Banks of Newfoundland
Mr. Owen Hand for My Donald
Mr. Hamish Henderson for The Freedom Come-All-Ye
Miss Lizzie Higgins for The College Boy and The Laird o' the Dainty Dounby
Mrs. Jean Horn for the tune of The Soldier Maid
Mr. Robin Hutchison for Hieland Rory (in part) and for The Hole in Me Can
Mrs. Isobel Jamieson for the tune of Tatties an' Herrin'
James S. Kerr (Music Publishers) for the Moss o' Burreldale from Kerr's *Buchan Bothy Ballads*
Mr. A. L. Lloyd and Messrs. Lawrence and Wishart Ltd. for The Donibristle Disaster from the book *Come All Ye Bold Miners*
Mr. A. L. Lloyd for The Bonnie Ship "The Diamond" and Fareweel tae Tarwathie
Mr. Ewan MacColl and Stormking Music Inc. for Song of the Fishgutters from the *MacColl/Seeger Songbook*
Mr. Ewan MacColl and the Workers Music Association for The Burning of Auchindoun and The Brewer Lad from *Scotland Sings*
Mr. Matt McGinn and Appleseed, New York for Miner's Lullaby and Three Nights and a Sunday
Mr. George McIntyre for Lamkin
Mr. Adam McNaughtan for Skyscraper Wean and Where is the Glasgow?
Mrs. Jeannie Robertson for Harlaw, I'll Lay Ye Doon, Love, Eence Upon a Time, Bonnie Lass Come Ower the Burn, Hishie Ba', The Cuckoo's Nest and Bonnie Udny
Mr. Willie Robertson for The Jolly Beggar
Mr. Willie Scott for The Kielder Hunt
Dr. Peter Shepheard for Tattie Jock, Bonnie Lass Amongst the Heather and The Banks of Newfoundland
Soundpost for The Great Silkie of Skerry and The Merchant's Son
Miss Lucie Stewart for Plooman Laddies
Torbain Music for Kelty Clippie
Mr . Cameron Turriff for Hame Drunk Cam' I
Mr. Archie Webster for Tattie Jock
Mr. Duncan Williamson for the tune of John Barleycorn
George and Robert Wishart for Bonnie Lass Amongst the Heather

Acknowledgements and thanks to Mr. Arthur Argo and the Greig family and to Mr. Alexander Keith and Kings College Library, Aberdeen University for the use of material in the following songs:

The Deserter, Jock Hawk, Bogie's Bonnie Belle, The Sailor's Life, Barbara Allan, The Shepherd Laddie, The Bonnie Fisher Lass, Captain Ward, The Soldier Maid, Katharine Jaffray, Hughie the Graeme, The Maskin Rung, Mount and Go, The Trooper and the Maid, Kilbogie, Jock Tamson's Tripe, Guise o' Tough.

No one working in this field can adequately acknowledge his debt to the School of Scottish Studies and particularly to the collecting work of Mr. Hamish Henderson. In a sense, the work of the School has affected this small collection throughout. In particular, we would like to thank the School for permission to use material, in whole or in part, from the following songs:

Prince Charlie, The Stoutest Man in the Forty Twa, Harlaw, The Kielder Hunt, The Forester, The Balena, I'm a Rover, Tramps an' Hawkers, Jock Tamson's Tripe (tune) and Hieland Rory (in part).

While we have made every effort to trace all holders of copyright, we shall be glad to learn of any other instances where acknowledgement is due.

Our thanks to Mr. George McIntyre, Dr. Helen Fullerton, Dr. Peter Shepheard and Mr. Arthur Argo for their advice and assistance.

INTRODUCTION

It is now over ten years since *101 Scottish Songs* was published. During that period the folk song revival has continued to develop as a popular movement. This is both a heartening and in some ways a slightly puzzling phenomenon. For it has developed largely without the blessing of the commercial music business, and the more recent interest of that strange world has not been altogether without its dangers. Nor has it had much assistance from the art music establishment. But the interest in folk music is perhaps rather less puzzling in Scotland, for our great ballads, moving love songs, and the cheeky, derisory songs of the streets still survive in abundance on the lips of the traditional singers.

The task of *101* was to introduce some of that material in an easily accessible form to the young singers who were beginning to discover that somewhere around them existed a wealth of traditional song. Since then it is largely these young singers who have themselves disseminated the material, either in their various clubs or in their own publications like *Folk Notes*, *Sing* or *Chapbook*. This last, published by the Aberdeen Folk Song Club, has been of great help in the present collection.

At the same time the work of the scholars, and especially the School of Scottish Studies and its leading collector Hamish Henderson, was continuing to give a distinguished lead to an understanding of the true tradition. We are pleased to learn that the School is now intending to publish texts and tunes directly from the traditional singers, transcribing the individual embellishments and variations, which sometimes alter from verse to verse.

This book we see as a kind of handbook for singers. The songs chosen are ones that sing well. Some are old ballads marked by the approval of scholars in dusty books, while others are the chanted snatches sung in today's housing estates. All are here because they are likely to continue in popularity in the future and the older songs have already proved their appeal by surviving in the mouths of the traditional singers who cherished them.

There is no such thing as a 'definitive' version of any song. But in order to present good *singable* versions we have had to arrange or adapt on occasion, a practice, in any case, of traditional singers themselves. We have kept this practice to a minimum, preferring where possible to use one singer's version, but we have indicated in the Notes where we have arranged or adapted and referred back to the original source. Where versions have been incomplete, the lack has been made good from other sources. These have been identified as 'collated'. In some instances, where sense or scansion has been at fault, amendments have been made and these are also indicated in the Notes.

Adaptation of texts has been a common editorial practice in past collections, but the music, except in the hands of an 'improver', has usually been treated with much greater reverence. But in a book primarily for singers rather than scholars, we have also collated melodies where there existed some obstacle to singing. There are few such changes, all are acknowledged in the Notes, and, as with the words, changes are made only with the sanction of an existing variant. The notation of a tune for a single stanza can only be a musical approximation in any case, for the original singers usually adapted the music to fit with the words, phrasing or emotion of the song. A few melodic variations are given, but for the most part the singer is left to his own devices, the best guide being to listen to a good traditional singer.

Similarly, such singers are quite free in their pronunciation and we have not felt that we should over-regularise that. In general we have tended towards a fairly standard English, so as to make the songs easily accessible to those to whom a particular dialect does not come naturally. We have indicated a particular dialect pronunciation only where we felt it was important for the feel of the song. Two obvious examples of this are the 'ee' sound for 'o' and 'f' for 'wh' in songs from the North East, so that 'poor' and 'do' become 'peer' and dee', and 'when' and 'what' become 'fan' and 'fit'. To those who would rather have the songs in the 'hodden grey' of their everyday tongue, let them tailor the texts to their own suiting. They have ample precedent, so long as they remain loyal to the feel of the tradition.

We have aimed at as wide a variety of material as possible. Much is new and, we hope, will be of interest to specialists in folk music. The book, however, is not aimed at them but at the general reader, and we have also included old favourites which we feel should continue to be sung.

While the scope is wide—from Shetland to the Borders, from North Sea fishing boats to Glasgow back courts—it remains none the less only half of Scotland. These are the songs of Lowland Scotland. The great Gaelic oral tradition requires other and better hands than ours. On the other hand, some songs will be found common to the tradition of England and Ireland also. True, there will be variations, but the themes of folk songs know no borders. Our only claim is that they are part of the Scottish tradition too.

We have included a number of recently composed songs that seem to us, either in form or content, to be part of the true tradition, and also items that are new to the printed page for they come from hitherto unpublished manuscripts. But the real heart of the book is in those songs collected by enthusiasts from living singers, indicating the continued vitality of the popular tradition in Scotland.

May their example guide all those who, like Burns, wish:
> 'that I, for poor auld Scotland's sake,
> Some useful plan, or book could make,
> Or sing a sang at least.'

NORMAN BUCHAN
PETER HALL

INTERPRETATION AND ACCOMPANIMENT

All the songs in this book can be sung unaccompanied, as they were originally, but in many cases an appropriate instrumental part can enhance the performance. With the increased interest in instrumental music, melodic accompaniment is more common, but the guitar is still the single most suitable choice, despite a tendency to fix songs rhythmically and provide harmonies that are too full. Chords have therefore been provided and alternatives indicated in brackets, particularly where slightly dissonant harmonies are difficult to sing. Experimentation is to be encouraged, always providing it is remembered that the song is the important thing and the accompaniment secondary.

PETER HALL

THE WARLD'S ILL-DIVIDED

Oh dear me, the warld's ill-divided,
Them that work the hardest are aye wi' least provided.

OH DEAR ME

WE NEVER HAD SUCH TAXES

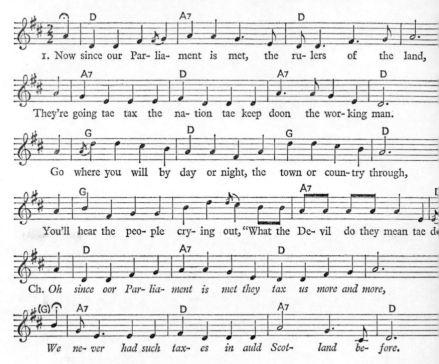

1. Now since our Par- lia- ment is met, the ru- lers of the land,

They're going tae tax the na- tion tae keep doon the wor- king man.

Go where you will by day or night, the town or coun- try through,

You'll hear the peo- ple cry- ing out, "What the De- vil do they mean tae d

Ch. *Oh since oor Par- lia- ment is met they tax us more and more,*

We ne- ver had such tax- es in auld Scot- land be- fore.

2   They're going tae tax the fairmer, his horses, cairts and ploughs;
They're going tae tax the billy goats, the donkeys, pigs and cows;
They're going tae tax the mutton and they're going tae tax the beef,
And they'll double tax auld women if they haven't got good teeth.

3   They're going tae tax the bugs and fleas, the clothes that keep us warn
They're going tae tax the children a month before they're born.
So let you all both men and boys just keep your hearts in cheer
There'll be better times in Scotland before anither year.

THE SCRANKY BLACK FARMER

1. At the tap o' the Gar- ioch, in the lands of Leith- hall,

A scran- ky black farm- er in Earls-field did dwell;

Wi' him I en- ga- ged, a ser- vant to be,

Which makes me la- ment I went far frae the sea.

2   I engaged wi' this farmer to drive cart and ploo;
Hard fortune convenit an ill-fated crew,
I ane of the number, which causes me rue
That e'er I attempted the country to view.

3   It's early in the mornin' we rise to the yoke,
The storm and the tempest can ne'er make us stop;
While the wind it does beat, and the rain it does pour,
And aye yon black farmer he on us does glowre.

4   But the time is expiring, and the day it will come,
To various countries we all must go home;
Bonnie Jeannie must travel, bonnie Bawbie also,
Back to the beyont o' Montgomery must go.

5   So farewell, Rhynie, and adieu to you, Clatt,
For I hae been wi' you baith early and late—
Baith early and late, baith empty and fou,
So farewell, Rhynie, I'll bid you adieu.

6   So farewell, Bawbie, and adieu to you all,
Likewise to the farmer that lives at Leith-hall;
For to serve this black farmer I'm sure it's nae sport,
So I will be going to my bonnie seaport.

THREE NIGHTS AND A SUNDAY

1. There's a fella doon the road that I avoid,
   He's wan o' them they call the unemployed.
   He says it's all because of me,
   He canny get a job and I've got three.
   Three nights and a Sunday double time.

2. The wife came tae the work the ither day.
   Says she "We've anither wee one on the way."
   Says I "No wonder you can laugh,
   I've no' been hame for a year and a half."
   Three nights and a Sunday double time.

3. I never miss the pub on a Friday night.
   And there you'll always find me gay and bright.
   You'll see me down at the Old Bay Horse,
   I'm a weekend waiter there of course.
   Three nights and a Sunday double time.

4. There's some will head for heaven when they die,
   Tae find a Dunlopillo in the sky.
   But I'll be going to the ither place,
   For an idle life I couldny face.
   Three nights and a Sunday double time.

THE MEANS TEST MAN

Ah'm no the factor nor the gas man,
Na- pol- eon nor Ro- nald Col- man.
When ye hear me rat- tat- tat u- pon the door,
"Have you mo- ney in the bank or mo- ney in the store?"
Ye'd bet- ter look oot or else ah'll get ye,
Try an' dodge me if ye can,
For ah'm nei- ther San- ta Claus nor Doug-a- las Fair- banks,
I am the Means Test man, ta- ra ra- ra ra- ra ra.

THE DESERTER

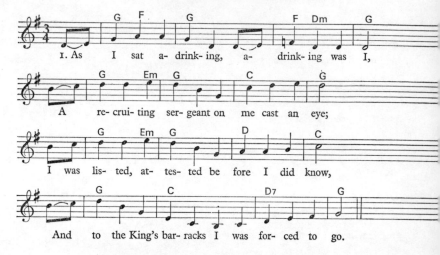

1. As I sat a-drink-ing, a-drink-ing was I,
A re-crui-ting ser-geant on me cast an eye;
I was lis-ted, at-tes-ted be-fore I did know,
And to the King's bar-racks I was for-ced to go.

2   But soon I deserted and set myself free,
Being advised by my true love a deserter to be;
I was quickly followed after, and brought back wi' speed
I was handcuffed and shackled—heavy irons indeed.

3   The day was appointed that flogged I must be,
Wi' the rest o' my comrades all ranked around me;
Our colonel laid out for three hundred and three,
And it's, Oh, the King's duties are cruel to me.

4   I hadna received but thirty and three,
When our captain cries, "Boys, ye may let him go free;
Ye may loose him from the halberts and let him go free,
For he'll be a deserter till the day that he dee."

5   But again I deserted and set myself free,
Informed on by my captain a deserter to be;
I was quickly followed after, and brought back wi' speed,
I was handcuffed and shackled—heavy irons indeed.

6   The day was appointed that flogged I must be,
Wi' the rest o' my comrades all ranked around me;
Our colonel laid out for five hundred and three;
And it's, Oh, the King's duties are cruel to me.

7   But I hadna received but fifty and three,
Till the colonel cries, "Boys, ye may let him go free;
Ye may loose him from the halberts and let him go free,
For he'll be a deserter till the day that he dee."

8   Again I deserted and set myself free,
Informed on by my colonel a deserter to be;
I was quickly followed after, and brought back wi' speed,
I was handcuffed and shackled—heavy irons indeed.

9   The day was appointed that shot I must be,
Wi' the rest o' my comrades all ranked around me;
The guns were presented, and shot I must be;
And it's, Oh, the King's duties are cruel to me.

10   My father and mother for me they will die,
My sister and brother for me they will cry;
I left my dear Mally wi' the tear in her e'e,
And it's, Oh, the King's duties are cruel to me.

11   But by rode the King in his carriage and six,
Says, "Where is the young Scotch boy that does you perplex?
Oh, ye bring him here, that I may him see
That cries, 'Oh, the King's duties are cruel to me.'"

12   He put his hand in his pocket, took out sixty pound,
Says "Take that, ye young Scotch boy, take that and go home;
Go home to your Mally and live happily,
Say no more 'The King's duties are cruel to me'."

JOCK HAWK

1. Tae Glasgow toon I went ae nicht tae spend my penny fee
And a bonnie lass soon gaed con-sent tae bear me com-pan-y;
I says, "I am a ploo-man lad and a stran-ger tae the toon."
She says, "That need-na hin-der ye tae jog it up an' doon."

2   We wandered up Jamaica Street an' roon the Broomielaw,
Whaur the organ lads play rich and sweet and fiddlers een or twa.
And as I passed in through the crowd I could hear the people say:
"Dae ye see Jock Hawk, he's got a miss, but he'll repent that play."

3   We gaed intae a tavern then, and I ca'd for the gin,
And the lads and lasses a' looked roon and smiled as I cam' in,
The sailor lads a' shook my hand and their welcome was richt free,
And ilka toast that e'er they gied was the bonnie young lass and me.

4   The spree gaed on wi' mirth and song till daylight did appear,
When the bo'sun o' their ship cam' roon, says "All hands on deck
    appear."
The lasses gied a partin' kiss and the lads a' said goodbye,
And the hindmost een as he gaed oot says, "Jock ye've a' tae pey."

5   My hairt it dropped intae my boots as they gaed oot the door
And the landlord he took haud o' me, says "Noo, lad, pey your score."
Sae I pit my hand intae my pooch, laid a' my money doon,
But I knew it wisnae near enough by the way that he did froon.

6   They've ta'en fae me my watch and chain, my spleuchan and my knife.
I wonder that they didnae tak' my wee bit spunk o' life.
They've stripped me o' my Sunday coat, my waistcoat and my sheen,
And for my hat I ne'er saw that since first I ca'd the gin.

7   Sae come a' ye brisk young plooman lads this warnin' tak' fae me,
And never gang tae Glasgow toon tae spend your penny fee;
For I cam' back frae that ill place sae naked and sae bare,
So never again will I gang back tae tak' a spree nae mair.

LUDGIN' WI' BIG AGGIE

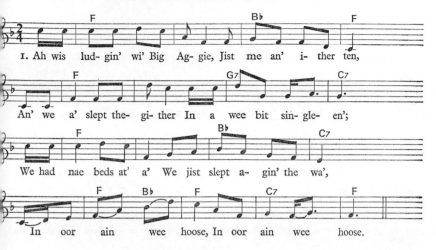

1. Ah wis lud-gin' wi' Big Ag-gie, Jist me an' i-ther ten,
An' we a' slept the-gi-ther In a wee bit sin-gle en';
We had nae beds at' a' We jist slept a-gin' the wa',
In oor ain wee hoose, In oor ain wee hoose.

2   Last Setterday for supper
    We got sausage on a plate.
    Ah wis jist aboot tae eat it,
    When that sausage, it said "Wait!
    Afore ye stert on me,
    Ah wis born in ninety three."
    An' we went stane blin'
    When that sausage it did rin
    Fae oor ain wee hoose,
    Fae oor ain wee hoose.

3   We had rabbit for oor dinner
    Man, ah couldny staun' the pain.
    In fact one fella snuffed it
    An' anither's gone insane.
    Aggie said it wis the flu,
    But ah don't think that is true,
    For oor dug Prince
    Has been missing ever since
    Fae oor ain wee hoose,
    Fae oor ain wee hoose.

BOGIE'S BONNIE BELLE

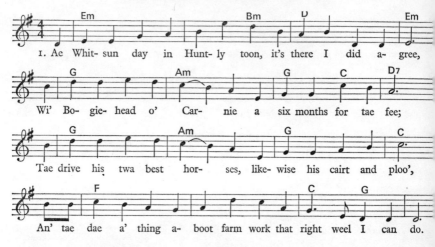

1. Ae Whit- sun day in Hunt- ly toon, it's there I did a- gree,
Wi' Bo- gie- head o' Car- nie a six months for tae fee;
Tae drive his twa best hor- ses, like- wise his cairt and ploo',
An' tae dae a' thing a- boot farm work that right weel I can do.

2   Noo Bogie had a dochter wha's name was Isabel;
The flower o' her nation, there's nane her could excel.
She had rosy cheeks and ruby lips and hair o' darkish hue;
She was neat, complete and handsome, and comely for to view.

3   One day she went a-rambling and chose me for her guide,
Tae tak' a pleasant walk wi' her along by Carnie side.
I slipped my airm aboot her waist an' tae the ground did slide,
An' it's there I had my first braw nicht wi' the Belle o' Bogieside.

4   Ere twenty weeks had passed and gone this lassie lost her bloom.
Her rosy cheeks grew pale and wan and she began tae swoon.
Ere forty weeks had passed and gone this lass brought forth a son,
And I was quickly sent for, tae see what could be done.

5   Aul' Bogie heard the story and cried "I am undone.
Since ye've beguiled my dochter, my sorrows are begun."
I said "Aul' man, ye're fairly richt," and hung my heid wi' shame,
"I'll marry Belle the mornin' and gie the bairn my name."

6   But though I'd said I'd wed the lass, oh no that widnae dee:
"Ye're nae a fittin' match for Belle, nor she a match for ye."
He sent me packin' doon the road, wi' nae penny o' my fee,
Sae a' ye lads o' Huntly toon a lang fareweel tae ye.

7   But noo she's mairried a tinkler lad wha's name is Soutar John;
He hawks his pans an' ladles aroon by Foggie Loan.
An' maybe she's gotten a better match, aul' Bogie canna tell,
But it's me wha's ta'en the maidenheid o' Bogie's Bonnie Belle.

THE SHIRA DAM

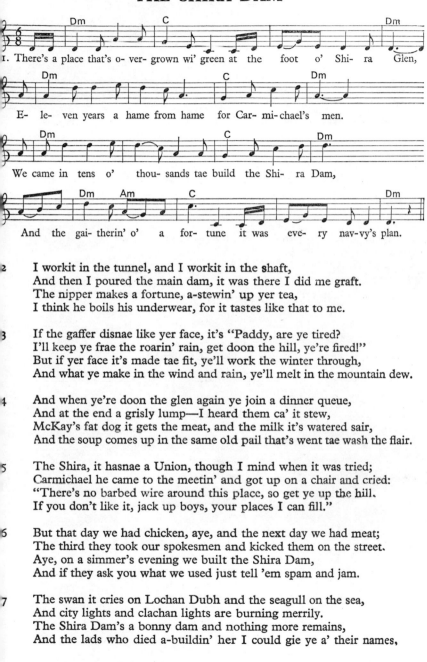

1. There's a place that's o-ver-grown wi' green at the foot o' Shi-ra Glen,
E-le-ven years a hame from hame for Car-mi-chael's men.
We came in tens o' thou-sands tae build the Shi-ra Dam,
And the gai-therin' o' a for-tune it was eve-ry nav-vy's plan.

2. I workit in the tunnel, and I workit in the shaft,
And then I poured the main dam, it was there I did me graft.
The nipper makes a fortune, a-stewin' up yer tea,
I think he boils his underwear, for it tastes like that to me.

3. If the gaffer disnae like yer face, it's "Paddy, are ye tired?
I'll keep ye frae the roarin' rain, get doon the hill, ye're fired!"
But if yer face it's made tae fit, ye'll work the winter through,
And what ye make in the wind and rain, ye'll melt in the mountain dew.

4. And when ye're doon the glen again ye join a dinner queue,
And at the end a grisly lump—I heard them ca' it stew,
McKay's fat dog it gets the meat, and the milk it's watered sair,
And the soup comes up in the same old pail that's went tae wash the flair.

5. The Shira, it hasnae a Union, though I mind when it was tried;
Carmichael he came to the meetin' and got up on a chair and cried:
"There's no barbed wire around this place, so get ye up the hill.
If you don't like it, jack up boys, your places I can fill."

6. But that day we had chicken, aye, and the next day we had meat;
The third they took our spokesmen and kicked them on the street.
Aye, on a simmer's evening we built the Shira Dam,
And if they ask you what we used just tell 'em spam and jam.

7. The swan it cries on Lochan Dubh and the seagull on the sea,
And city lights and clachan lights are burning merrily.
The Shira Dam's a bonny dam and nothing more remains,
And the lads who died a-buildin' her I could gie ye a' their names.

THE FREEDOM COME-ALL-YE

1. Roch the wind in the clear day's daw- in',
Blaws the cloods heel- ster gow- dy ow'r the bay.
But there's mair nor a roch wind blaw- in'
Through the great glen o' the warld the day.
It's a thocht that will gar oor rot- tans—
A' they rogues that gang gal- lus fresh and gay—
Tak' the road an' seek ith- er loan- ins
For their ill ploys tae sport an' play.

2   Nae mair will the bonnie callants
        Mairch tae war, when oor braggarts crousely craw,
Nor wee weans frae pit-heid an' clachan
        Mourn the ships sailin' doon the Broomielaw.
Broken faimlies in lands we've herriet
        Will curse Scotland the Brave nae mair, nae mair;
Black an' white, ane til ither mairriet
        Mak' the vile barracks o' their maisters bare.

3   O come all ye at hame wi' freedom,
        Never heed whit the hoodies croak for doom;
In your hoose a' the bairns o' Adam
        Can find breid, barley bree an' painted room.

When Maclean meets wi's freens in Springburn
A' the roses an' geans will turn tae bloom,
And a black boy frae yont Nyanga
Dings the fell gallows o' the burghers doon.

THE DONIBRISTLE DISASTER

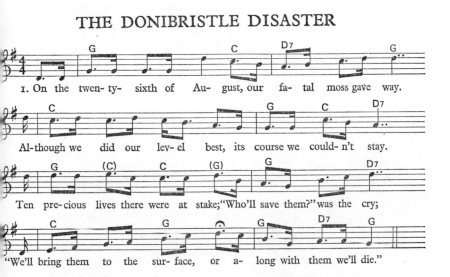

1. On the twen-ty- sixth of Au- gust, our fa- tal moss gave way.

Al-though we did our lev- el best, its course we could- n't stay.

Ten pre-cious lives there were at stake; "Who'll save them?" was the cry;

"We'll bring them to the sur- face, or a- long with them we'll die."

2 There was Rattery and McDonald, Hynd and Paterson,
Too well they knew the danger and the risk they had to run.
They never stopped to count the cost; "We'll save them," was the cry;
"We'll bring them to the surface, or along with them we'll die."

3 They stepped upon the cage, they were ready for the fray.
They all meant business as they belled themselves away.
Soon they reached the bottom, far from the light of day,
And went to search the workings, and Tom Rattery led the way.

4 They lost their lives, God help them. Ah, yes it was a fact,
Someone put in a stopping and they never did get back.
Was that not another blunder? My God, it was a sin.
To put a stopping where they did, it closed our heroes in.

5 We never shall forget them, though they have lost their lives,
So let us pay attention to their children and their wives.
It simply is our duty now, and let us all beware.
Their fathers died a noble death and left them in our care.

6 There was Rattery and McDonald, Hynd and Paterson,
Too well they knew the danger and the risk they had to run.
They never stopped to count the cost; "We'll save them," was the cry;
"We'll bring them to the surface, or along with them we'll die."

THE SHUTTLE RINS

1. The wea-ver's wife sits at the fire, And ca's the pirn wheel,
'She likes to hear her ain gude-man Drive on the shut-tle weel.

Ch. *The shut-tle rins, the shut-tle rins, The shut-tle rins wi' speed;*

Oh sweet-ly may the shut-tle rin, That wins the bai-rn's bread.

2   Thread after thread maks up the claith,
      Until the wage he wins,
    And ilka weaver maks the mair,
      The mair his shuttle rins.

3   He rises early in the morn,
      He toils fu' late at night,
    He fain wad independent be—
      He kens what is his right.

4   Although he has nae dainty fare,
      His wages being sma',
    Yet he can, wi' his thrifty wife,
      Keep hungry want awa'.

5   He fondly soothes a neebor's grief,
      Or shares a neebor's glee;
    And fain to gie his bairns lair
      He gars the shuttle flee.

6   State cormorants may craw fu' crouse,
      An' haughty be an' prude,
    But were they paid by "ells o' keels,"
      They wadna laugh sae loud.

7   The proudest o' the land wad pine
      Without the weaver's wark;
    The pamper'd priest, the haughty peer,
      Wad gang without a sark.

8   Then cheer your hearts, ye workin' men,
           An' a' like brithers be;
         Rouse up against restrictive laws,
           And set industry free.

SKYSCRAPER WEAN

1. I'm a sky-scrap-er wean; I live on the nine-teenth flair,
But I'm no' gaun oot tae play on-y mair,
'Cause since we moved tae Cast-le-milk, I'm wast-in' a-way
'Cause I'm gett-in' wan meal less eve-ry day:

Ch.   *Oh ye cannae fling pieces oot a twenty storey flat,*
      Seven hundred hungry weans'll testify to that.
      If it's butter, cheese or jeely, if the breid is plain or pan,
      The odds against it reaching earth are ninety-nine tae wan.

2   On the first day ma maw flung oot a daud o' Hovis broon;
     It came skytin' oot the windae and went up insteid o' doon.
     Noo every twenty-seven hoors it comes back intae sight
     'Cause ma piece went intae orbit and became a satellite.

3   On the second day ma maw flung me a piece oot wance again.
     It went and hut the pilot in a fast low-flying plane.
     He scraped it aff his goggles, shouting through the intercom,
     "The Clydeside Reds huv goat me wi' a breid-an-jeely bomb."

4   On the third day ma maw thought she would try another throw.
     The Salvation Army band was staunin' doon below.
     "Onward, Christian Soldiers" was the piece they should've played
     But the oompah man was playing a piece an' marmalade.

5   We've wrote away to Oxfam to try an' get some aid,
     An' a' the weans in Castlemilk have formed a "piece brigade."
     We're gonnae march to George's Square demanding civil rights
     Like, nae mair hooses ower piece-flinging height.

TATTIE JOCK

1. Ye'll a' hae heard o' Tattie Jock, Likewise o' Mutton Peggie;

They had a fairmie owre in Fife, An' the name o' it wis Craigie.

Ch. Singin' ah riddle aye roo dum di do, Ah riddle aye roo dum day.

*The last note is sung only in the first verse.

2 There was ten pair upon that place,
 Likewise ten able men;
 It's five they gaed for tae kinnle the fire
 An' the ither five oot tae scran.

3 Three month we served wi' Tattie Jock
 An' weel we did agree,
 Till we found oot that the tattie shed
 Could be opened wi' the bothy key.

4 We a' went intae the tattie shed,
 Oor bags were hardly full,
 When Tattie Jock in ahint the door,
 Cried "Aye ma lads stand still!"

5 Oh, the first he got was Willie Marr,
 The next was Sandy Doo,
 There was Jimmy Grey an' Wull Moncur,
 An' Jimmy Pethrie flew.

6 Next day some o' us were drivin' dung,
 An' some were at the mill;
 The foreman he was at the ploo'
 Upon Pitlootie Hill.

7 They sent for ten big polismen,
 But nine there only came.
 It dinged them for tae lift's that night,
 Us bein' ten able men.

8 The hin'maist lad was the wisest een,
 The best lad o' us a',
 He jined a man o' war ship at Leith,
 So's he didnae need tae stand the law.

24

9   When we were gettin' oor sentences,
      We a' stood roond an' roond,
      But when we heard o' the fourteen years,
      Oor tears cam' rollin' doon.

10   When Tattie Jock heard tell o' this,
      He cried an' grat fu' sore;
      A thousand guineas he would pay
      If that would clear oor score.

11   A bag o' gold he did produce,
      Tae pey it there an' then,
      But the lawyer only told him money
      Wouldna clear his men.

12   An' when they mairched us up through Perth,
      We heard the news boy say,
      "It's hard tae see sic able men
      Rade aff tae Botany Bay."

13   When we arrive in Botany Bay
      Some letters we will send,
      Tae tell oor friends the hardships we
      Endure in a foreign land.

TATTIES AN' HERRIN'

1. Noo your hard work-in' Scots-man's gone cra-zy I fear,
Each day ye maun hae your bit beef and your beer,
But ye din-nae ken, though you're may-be nae car-in',
Your na-tu-ral food it is tat-ties and her-rin'.

Ch. Tat-ties and her-rin', tat-ties and her-rin',
Your na-tu-ral food it is tat-ties and her-rin'.

2 Noo a pound in the week, you maun aye be content,
Ten bob tae lay by for the claes and the rent,
Half a croon ye aye can be sparin',
Ye've aye seven an' sixpence for tatties an' herrin'.

3 When the Queen wanted someone tae fecht wi' her foes,
It wisnae awa' tae the lowlands she goes,
But awa' tae the hills where the brave an' the darin',
The lads that were fed upon tatties an' herrin'.

4 On Alma's Heights noo the Russians said:
"We were forced tae tak' wyss for the kilt an' the plaid,"
But they didnae ken 'twas the brave an' the darin',
The lads that were fed upon tatties an' herrin'.

5 When the harbour o' refuge was first spoken aboot
Aiberdeen an' Stonehaven they were fairly pit oot,
For the Queen kent the convicts wid get their best farin'
Upon Buchan tatties an' Peterheid herrin'.

THE SAILOR'S LIFE

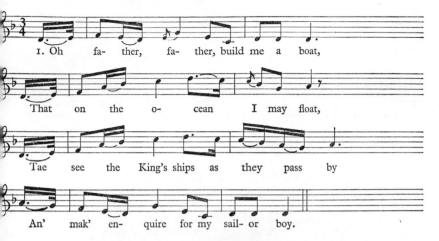

1. Oh fa-ther, fa-ther, build me a boat,
That on the o-cean I may float,
Tae see the King's ships as they pass by
An' mak' en-quire for my sail-or boy.

2 She had not sailed lang upon the deep
 Till that a King's ship she chanced tae meet—
 "Oh, sailors, sailors, come tell me true,
 If my love William sails with you."

3 "What kind of cloth does your William wear?
 And what is the colour o' his hair?"
 "His jacket's blue an' his trousers white,
 He has yellow hair, an' he's my delight."

4 "Oh, no, fair lady, your love's not here,
 For he is drowned we greatly fear,
 For the very last night when the winds blew high
 We lost a fine young sailor boy."

5 "Oh sailors, sailors, go all in black,
 Oh sailors, sailors, you must mourn for that.
 Put a black flag on your topmast high
 An' I'll go mourn for my sailor boy.

6 "Oh dig my grave an' dig it deep,
 A marble stane you'll put at my feet,
 An' at my side a white turtle dove
 For to let them know that I died for love."

LAMKIN

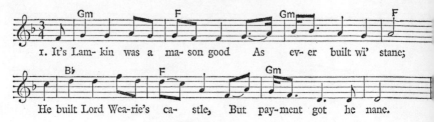

1. It's Lam-kin was a ma-son good. As ev-er built wi' stane; He built Lord Wea-rie's ca-stle, But pay-ment got he nane.

2 But the nourice was a fause limmer
    As e'er hung on a tree;
  She laid a plot wi' Lamkin,
    Whan her lord was o'er the sea.

3 She laid a plot wi' Lamkin,
    When the servants were awa',
  Loot him in at a little shot-window,
    And brought him to the ha'.

4 "Oh whare's the lady o' this house
    That ca's me Lamkin?"
  "She's up in her bower sewing,
    But we soon can bring her down."

5 Then Lamkin's ta'en a sharp knife,
    That hung down by his gair,
  And he has gien the bonny babe
    A deep wound and a sair.

6 Then Lamkin he rocked,
    And the fause nourice sang,
  Till frae ilka bore o' the cradle
    The red blood out sprang.

7 "Oh still my bairn, nourice,
    Oh still him wi' the pap!"
  "He winna still, lady,
    For this nor for that."

8 "Oh still my bairn, nourice,
    Oh still him wi' the bell!"
  "He winna still, lady,
    Till ye come down yoursel'."

9 Oh the firsten step she steppit,
    She steppit on a stane;
  But the neisten step she steppit,
    She met him Lamkin.

10   "Oh sall I kill her, nourice,
     Or sall I lat her be?"
  "Oh kill her, kill her, Lamkin,
     For she ne'er was good to me."

11   "Oh scour the bason, nourice,
     And mak' it fair and clean,
  For to keep this lady's heart's blood,
     For she's come o' noble kin."

12   "There need nae bason, Lamkin,
     Lat it run through the floor;
  What better is the heart's blood
     O' the rich than o' the poor?"

13   But ere three months were at an end,
     Lord Wearie came again;
  "Oh, wha's blood is this" he says,
     "That lies in my hame?"

14   "Oh, wha's blood," says Lord Wearie,
     "Is this on my ha'?"
  "It is your young son's heart's blood,
     It's the clearest ava'."

15   Oh sweetly sang the blackbird
     That sat upon the tree;
  But sairer grat Lamkin,
     When he was condemned to dee.

16   And bonny sang the mavis,
     Oot o' the thorny brake;
  But sairer grat the nourice,
     When she was burnt at the stake.

WHEN I WAS SINGLE

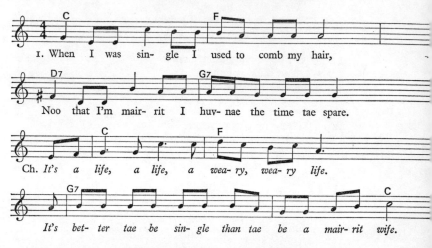

1. When I was sin-gle I used to comb my hair,

Noo that I'm mair-rit I huv-nae the time tae spare.

Ch. *It's a life, a life, a wea-ry, wea-ry life.*

It's bet-ter tae be sin-gle than tae be a mair-rit wife.

2   When I was single I used a powder puff,
     Noo that I'm mairrit I canny afford the stuff.

3   One shouts "Mammy, help me intae my pram!"
     The ither shouts "Daddy, gie me a piece an' jam!"

4   One shouts "Mammy, help me intae bed!"
     The ither shouts, "Daddy, scratch my widden leg!"

MAINS O' CULSH

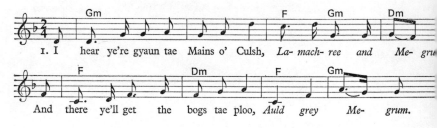

1. I hear ye're gyaun tae Mains o' Culsh, *La-mach-ree and Me-gru*

And there ye'll get the bogs tae ploo, *Auld grey Me-grum.*

2   I hear ye're getting a muckle fee,
     Lamachree and Megrum,
     Ye'll maybe get as muckle adee,
     Auld grey Megrum.

3   It's in the mornin' he will rise,
     And on the loan ye'll hear his cries.

4   I think my boys ye'd better yoke,
        It's half an hoor past sax o'clock.

5   He said I'd hae tae gyang that year,
        I'd learned his bairns tae curse and sweir.

6   Indeed I think he's warst himsel',
        He'll curse and damn them a' tae hell.

7   But noo I'm gaun tae Nethermeer,
        And there tae wark the merchant's meer.

8   It's there I'll get baith breid an' cheese,
        And ile tae keep my sheen in grease.

MINER'S LULLABY

Ch. Coo- rie doon, coo- rie doon, coo- rie doon ma daur- lin', Coo- rie doon the day, [repeat]

. Lie doon ma dear, and in your ear, tae help you close your eye,

I'll sing a song, a slum- ber song, a mi- ner's lul- la- by.

Your dad-dy's doon the mine, ma daur- lin', doon in the Curl- by Main,

Your dad-dy's how- kin' coal, ma daur- lin', for his ain wee wean.

There's daurkness doon the mine, ma daurlin', daurkness, dust and damp,
    But we must hae oor heat, oor light, oor fire and oor lamp.
Your daddy coories doon, ma daurlin', doon in a three foot seam,
    So you can coorie doon, ma daurlin', coorie doon and dream.

MY DONALD

Dm ... C ... Dm
1. & 2. My Don- ald he works on the sea,

C ... G ... Am
On the waves that blow wild and free.

Am ... G ... C ... G
He spli- ces the ropes and sets the sails,

F ... Dm ... C ... Dm
While south- wards he rolls to the home of the whale.

Dm ... C ... Dm
3. Ye la- dies wha smell o' wild rose,

F ... Am ... Dm
Think ye for your per- fume to whaur a man goes;

F ... C ... Dm ... Am
Think ye o' the wives and the bair- nies wha yearn

F ... Dm ... C ... Dm
For a man ne'er re- turned from hun- tin' the sperm.

2 He ne'er thinks o' me far behind
Or the torments that rage in my mind.
He's mine for only half part o' the year
Then I'm left all alone wi' nocht but a tear.

(Repeat first verse)

FISHERMAN'S WIFE

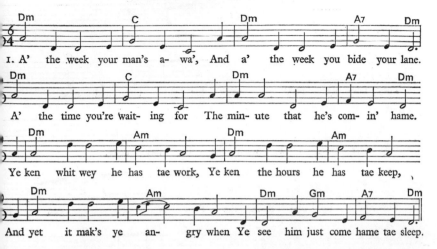

1. A' the week your man's a- wa', And a' the week you bide your lane.
A' the time you're wait- ing for The min- ute that he's com- in' hame.
Ye ken whit wey he has tae work, Ye ken the hours he has tae keep,
And yet it mak's ye an- gry when Ye see him just come hame tae sleep.

2. Through the months and through the years, While you're bringing up the bairns,
Your man's awa' tae here and there Following the shoals o' herrin'.
And when he's back there's nets tae mend, You've maybe got a score or twa,
And when they're done, he'll rise and say: "Wife, it's time I was awa'."

3. Work and wait and dree your weird, Pin your faith in herrin' sales,
And oftimes lie awake at nicht In fear and dread o' winter gales.
But men maun wark tae earn their breid, And men maun sweat tae gain their fee,
And fishermen will aye gang oot As lang as fish swim in the sea.

(Repeat first verse)

OH DEAR ME

1. Oh, dear me, the mill's gaen fast,
The puir wee shif- ters can- na get a rest,

Shif- tin' bob- bins, coorse and fine,

They fair- ly mak' ye work for your ten and nine.

2. Oh, dear me, I wish the day was done,

Rin- nin' up and doon the Pass is no nae - fu

Shif- tin', pie- cin', spin- nin' warp weft and twine,

Tae feed and cled my bair- nie af- fen ten and nine.

3. Oh, dear me, the warld's ill- di- vi- ded,

Them that work the har- dest are aye wi' least pro- vi- ded,

But I maun bide con- ten- ted, dark days or fine,

There's no much plea- sure li- ving af- fen ten and nine.

COME, LAY YOUR DISPUTES

Come gie's a sang Montgomery cried
An' lay your disputes a' aside;
What nonsense is't for folks tae chide
For what's been done afore them.

TULLOCHGORUM

THE BURNING OF AUCHINDOUN

1. As I cam' in by Fid-dich-side On a May morn-ing
I spied Wil-lie Mac-in-tosh An hour be-fore the dawn-ing.

2. "Turn a-gain, turn a-gain, Turn a-gain, I bid ye;
If ye burn Au-chin-doun Hunt-ly he will heid ye."

3. "Heid me or hang me, That sall ne-ver fear me;
I'll burn Au-chin-doun Though the life leaves me.

4   As I cam' in by Auchindoun
        On a May morning,
    Auchindoun was in a bleeze
        An hour before the dawning.

5   Crawing, crawing,
        For a' your crouse crawin'
    Ye brunt your crop an' tint your wings
        An hour before the dawning.

THE HOLE IN ME CAN

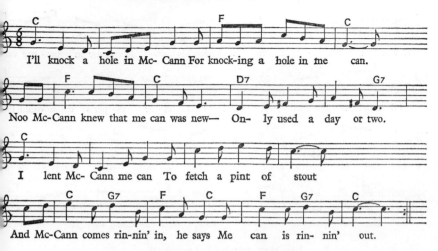

I'll knock a hole in Mc-Cann For knock-ing a hole in me can.

Noo Mc-Cann knew that me can was new— On-ly used a day or two.

I lent Mc-Cann me can To fetch a pint of stout

And Mc-Cann comes rin-nin' in, he says Me can is rin-nin' out.

JOCK SINCE EVER

Ch. Oh Jock, since e-ver I seen your face, Oh Jock, since e-ver I kent ye,

Jock since e-ver I seen your face, Dae ye mind o' the shil-ling I lent ye?

1   Oh some fell on their bended knees,
     The ladies fell a-fainting,
     But I fell tae my breid and cheese
     For I aye had mind o' the main thing.

2   I lost my love an' I dinna ken hoo,
     I lost my love an' I care na,
     The losin' o' ane's the gainin' o' twa,
     I'll soon get anither I fear na.

THE EWIE WI' THE CROOKIT HORN

1. Were I but a- ble to re-hearse My ew- ie's praise in pro- per vers

I'd sound it out as loud and fierce As ev- er pi- per's drone could bla

Ch. *The ew- ie. wi' the crook- it horn, A' that kent her might hae sworn*

Sic a ewie was ne- ver born, Here a- bouts, nor far a- wa'.

2. I neither needed tar nor keel
    To mark her upon hip or heel;
    Her crookit horn it did as weel
    Tae ken her by amang them a'.

3. She never threatened scab nor rot,
    But keepit aye her ain jog trot,
    Baith to the fauld and to the cot,
    Was never sweir to lead nor ca'.

4. When ither ewies lap the dyke
    And ate the kail for a' the tyke,
    My ewie never played the like
    But stayed ahint the barn wa'.

5. I lookit aye at even for her,
    Lest mishanter should come owre her
    Or the fumart should devour her
    Gin the beastie bade awa'.

6. Yet Monday last for a' my keeping
    —I canna speak it without greetin'—
    A villain cam' when I was sleepin'
    And stole my ewie, horn an' a'.

7. I socht her sair upon the morn,
    And doun aneath a buss of thorn
    I got my ewie's crookit horn,
    But my ewie was awa'!

8   But gin I had the loon that did it,
I hae sworn as weel as said it,
Though a' the world should forbid it,
I wad gie his neck a thraw.

9   For a' the claith that we had worn
Frae her and hers sae aften shorn,
The loss o' her we could hae borne,
Had fair strae-death ta'en her awa'.

10   But silly thing tae lose her life
Aneath a greedy villain's knife;
I'm really feared that oor goodwife
Sall never win aboon't ava'.

11   Oh all ye bards benorth Kinghorn,
Call up your muses, let them mourn;
Our ewie wi' the crookit horn,
Is frae us stown and felled an' a'.

SKINNY MALINKY LANG LEGS

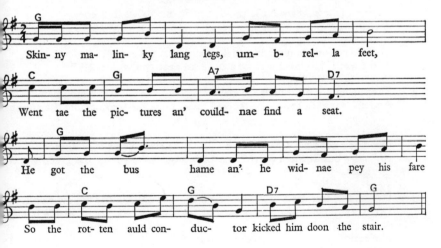

Skin-ny ma-lin-ky lang legs, um-b-rel-la feet,
Went tae the pic-tures an' could-nae find a seat.
He got the bus hame an' he wid-nae pey his fare
So the rot-ten auld con-duc-tor kicked him doon the stair.

THE MASKIN RUNG

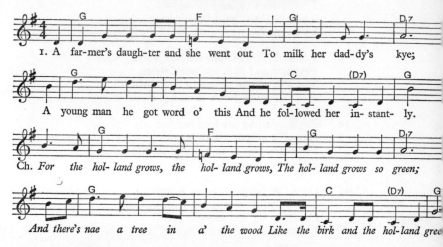

1. A farmer's daughter and she went out To milk her daddy's kye;
A young man he got word o' this And he followed her instantly.

Ch. For the hol-land grows, the hol-land grows, The hol-land grows so green;
And there's nae a tree in a' the wood Like the birk and the hol-land green.

2 "Haud aff your hands, young man," she said, "Oh haud them aff frae me;
And in yon place of the gay green woods Tomorrow I'll meet with thee."

3 "Fair ye fa', ye weel-faur'd maid And ye maun set the time,
And in what place o' the gay green woods Ye will meet me at e'en."

4 "It's doon aside yon mickle birk, Aside yon little well;
And there I will meet you at e'en, And that you winna tell."

5 She's ta'en her milk-pails on her heid, And she's gane singing hame;
And she's mindit her a' the leelang nicht How she wad beguile the young man.

6 Noo she's gane tae a widow wife An' borrowed a suit o' clothes,
An' she's buskit them on the maskin rung, An' awa' tae the green wood goes.

7 Her middle was made o' the apple tree, Her arms o' the willow wand,
On every finger a gay gold ring For tae shine in the young man's hand.

8 She's gane on tae the gay green woods, Tae the gay green woods gaed she;
An' there she's placed the maskin rung Below the birken tree.

9 The laddie he cam' through the woods, He whistled an' he sang,
"Oh, I see my true love loves me weel For she hasnae tarried lang."

10 "But I wonder what can ail my love, For, oh, but she is meek,
And aye she smiles intae my face But ne'er a word she'll speak."

1   So he's lifted up her petticoat A little below the knee,
    But there's naething there but the maskin rung And the fair maid was
    awa'.

2   "A false maid has been my true love, False has she been tae me;
    If I had her in this green wood She wadna gang maiden free."

3   The maid being in a bush near by, She heard him mak' his moan,
    Says, "Here am I in this green wood, An' I'll gang maiden home."

4   Then oot there spak' the auld woman, Sat in the hoose nearby,
    "What want ye wi' my claes, young man, That I hung oot tae dry?"

5   Near Edinburgh toon this trick was played That I sing in my song;
    An' a' ye young men that go tae woo, Beware o' the maskin rung.

WHA'S FU'?

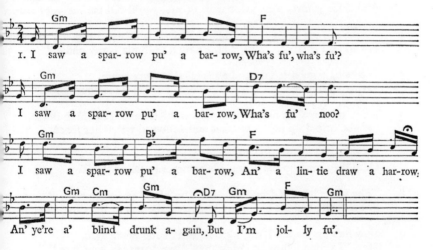

I saw a spar-row pu' a bar-row, Wha's fu', wha's fu'?
I saw a spar-row pu' a bar-row, Wha's fu' noo?
I saw a spar-row pu' a bar-row, An' a lin-tie draw a har-row.
An' ye're a' blind drunk a-gain, But I'm jol-ly fu'.

2   I saw a louse chase a mouse,
    Around the riggin' o' a house.

3   I saw the man in the moon,
    Driving tackets in his shoon.

4   I saw an eel chase the deil
    Roon aboot the spinnin' wheel.

THE FORESTER

1. "I am the fo-res-ter o' this land as ye may plain-ly see,
It's the man-tle o' your mai-den-heid that I maun hae fae thee."
Ch. Wi' my rue rum ror-ri-ty, right rum ror-ri-ty, right me wer-ri-ty an.

2. He's ta'en her by the milk white hand and by the lee lang sleeve,
   He's laid her doon upon her back and asked no man's leave.

3. "Noo since you've laid me doon, young man, you'll tak' me up again,
   And since you've ta'en your wills of me, you'll tell tae me your name."

4. "Some call me John, some call me James, and begad that's a' the same
   But when I'm in the King's high court, Gillimie is my name."

5. She being a good scholar, she's spelled it owre again,
   Saying, "Gillimie, that's a Latin word, but Willie is your name."

6. When he heard his name pronounced, he mounted his high horse,
   But she belted up her petticoats and followed wi' a' her force.

7. He rode and she ran the lang simmer day
   Until they came to the river, it's commonly called the Tay.

8. "The water it's too deep, my love, I'm afraid ye canna wade,"
   But afore he had his horse well watered she was at the ither side.

9. Now he's up tae the King's castle and in the castle gate,
   Says, "I widna follow lassie or they'll send you tae your fate."

10. But she's up tae the King's castle and tirled upon the pin,
    Says, "There's ane of the knights intae your court, he's robbed me fai
    and clean."

11. "Has he robbed you o' your mantle, has he robbed you o' your ring,
    Has he robbed you o' your mantle an' anither you canna spin?"

12. "No it isna o' my mantle, an' it isna o' my ring,
    But it is o' my maidenheid an' anither I canna fin'."

42

13 "Weel, if he be a married man, high hangit he will be,
But if he be a single man, he'll surely marry ye."

14 "I wish I'd drunk the water," he says, "the day I drunk the wine,
Tae think a shepherd's dochter should be a wife o' mine."

15 But fan the wedding it cam' off, you'd laugh tae see the fun,
She's the Earl o' Airlie's dochter and he but a blacksmith's son.

FISHERROW

1. As I came in by Fish-er-row Muss-le-burgh was near me:
I threw off my muss-le-pock And court-ed wi' my dear-ie.
Ch. Up stairs, down stairs, Tim-ber-stairs fears me,
I thought it lang to lie my lane, When I'm sae near my dear-ie.

2 Oh had her apron bidden doun,
The kirk wad ne'er hae kend it,
But since the word's gane thro' the toun,
My dear, I canna mend it.

3 But ye maun mount the cutty-stool
And I maun mount the pillar,
And that's the way that poor folks do,
Because they hae nae siller.

43

HAME DRUNK CAM' I

1. Hame drunk on Mon-day nicht, hame drunk cam' I,
An' fit did I see in ma sta-ble there,
bit a gen-tle-man's horse did lie.
"Oh fit is this ye've got, pray fit can it be?"
"It's a milk fite cow ma mi-ther sent tae me."
Fu' mo-ny miles I've trai-velled, ten thoo-san' miles or more,
Bit a milk fite cow wi' a sad-dle on't I ne-ver saw a-fore.

2   Hame drunk on Tuesday nicht, hame drunk cam' I,
An' fit did I see on my wife's bed, bit a gentleman's coat did lie.
"Oh fit is this ye've got, pray fit can it be?"
"It's a petticoat ma mither sent tae me."
Fu' mony miles I've traivelled, ten thoosan' miles or more,
Bit a petticoat wi' a collar on't I never saw afore.

3   Wednesday—gentleman's vest—pair o' steys—double-breistit pair o' steys

4   Thursday—pair o' troosers—pair o' bloomers—wi' pooches in 'em

5   Friday—gentleman's hat—chantey pot—wi' ribbons roon't

6   Saturday—gentleman's face—newborn babe—wi' fuskers on't

SUCH A PARCEL OF ROGUES

1. Fare-weel tae a' oor Scot-tish fame,
Fare-weel ev-en tae the Scot-tish name,

Fare-weel oor an-cient glo-ry;
Sae famed in mar-tial sto-ry.

Noo Sark rins o'er the Sol-way sands,

And Tweed rins tae the o-cean,

Tae mark where Eng-land's pro-vince stands;

Such a par-cel of rogues in a na-tion.

2   What force or guile could not subdue
Through mony warlike ages,
Is wrought now by a coward few,
For hireling traitors' wages.
The English steel we could disdain,
Secure in valour's station;
But English gold has been our bane;
Such a parcel of rogues in a nation!

3   Oh would, or I had seen the day,
That treason thus could fell us,
My auld gray heid had laen in clay
Wi' Bruce and loyal Wallace!
But pith and power, till my last hour,
I'll mak' this declaration:
We're bought and sold for English gold;
Such a parcel of rogues in a nation!

WHA'LL BE KING BUT CHARLIE?

1. The news frae Moidart cam' yestreen,
Will soon gar mony ferlie,
For ships o' war hae just come in,
And landed royal Charlie.

Ch. Come through the heather, around him gather,
Ye're a' the welcomer early;
Around him cling wi' a' your kin,
For wha'll be King but Charlie?
Come through the heather, around him gather,
Come Ronald, come Donald, come a' thegither,
And claim your rightfu', lawfu' King,

For wha'll be King but Charlie?

2   The Highland clans wi' sword in hand
Frae John o' Groats to Airly,
Hae to a man declared to stand
Or fa' wi' royal Charlie.

3   The Lowlands a', baith great an' sma',
Wi' mony a lord an' laird, hae
Declared for Scotia's king an' law
An' speir ye wha, but Charlie?

4   There's nae a lass in a' the land,
But vows baith late an' early,
To man she'll ne'er gie heart or han'
Wha wadna fecht for Charlie.

5   Then here's a health to Charlie's cause,
An' be it complete an' early;
His very name our heart's blood warms,
To arms for royal Charlie.

THE BLACKBIRD

1. Once on a mor-ning of sweet re-cre-a-tion

I heard a fair la-dy a-ma-king her moan,

With sigh-ing and sob-bing and sad la-men-ta-tion,

Aye sing-ing, "My Black-bird for e-ver is flown!

He's all my heart's trea-sure, my joy and my plea-sur

So just-ly my love my heart fol-lows thee;

And I am re-sol-ved, in foul or fair wea-t

To seek out my Black-bird, wher-e-ver he be.

2   "I will go, a stranger, to peril and danger,
        My heart is so loyal in every degree;
      For he's constant and kind, and courageous in mind.
        Good luck to my Blackbird, wherever he be!
      In Scotland he's loved and dearly approved,
        In England a stranger he seemeth to be;
      But his name I'll advance in Britain or France.
        Good luck to my Blackbird, wherever he be!

3   "The birds of the forest are all met together,
        The turtle is chosen to dwell with the dove,
      And I am resolved, in foul or fair weather,
        Once in the spring-time to seek out my love.

48

But since fickle Fortune, which still proves uncertain,
Hath caused this parting between him and me,
His right I'll proclaim, and who dares me blame?
Good luck to my Blackbird, wherever he be!"

THE BORDER WIDOW'S LAMENT

1. My love built me a bon- nie bow'r,
And clad it a' wi' li- ly flow'r;
A braw- er bow'r ye ne'er did see,
Than my true love he built for me.

2. There cam' a man by middle day, He spied his sport and went away,
And brocht the king at dead o' night, Who broke my bow'r and slew my knight.

3. He slew my knight, tae me sae dear, He slew my knight and poin'd his gear.
My servants all for life did flee, And left me in extremitie.

4. I sewed his sheet, making my mane; I watch'd his corpse, myself alane;
I watch'd his body night and day; No living creature cam' that way.

5. I took his body on my back, An' whiles I gaed, an' whiles I sat;
I digged a grave and laid him in, And happed him wi' the sod sae green.

6. But think na ye my hert was sair, When I laid the mould on his yellow hair.
Oh think na ye my hert was wae, When I turned aboot awa' tae gae.

7. Nae living man I'll love again, Since that my lovely knight is slain.
Wi' ae lock of his yellow hair, I'll chain my hert for evermair.

THE MERCHANT'S SON

1. A mer-chant's son, he lived in wrong, And tae the beg-gin' he has g...

He moun-ted on a no-ble steed And a-way wi' plea-sure he did ri...

Ch. Fal al the doo-ral-i-do, Fal al the day.

2   A beggar wench he chanced tae meet,
    A beggar wench of low degree.
    He took pity on her distress,
    An' says: "My lass, you've got a pretty face."

3   They both inclined noo tae have a drink,
    Into a public house they both went;
    They both drunk ale and brandy too,
    Till the both o' them got rollin' fu'.

4   They both inclined noo tae go tae bed,
    Soon under cover they were laid;
    Strong ale and brandy went tae their head,
    And both now slept as they were dead.

5   Later on this wench she rose,
    And put on noo the merchant's clothes,
    With his hat so high and his sword so clear,
    For she's awa' wi' the merchant's gear.

6   Early next morning the merchant rose,
    And looking round for tae find his clothes,
    There's nothing left into the room,
    But a ragged petticoat and a winsey goon.

7   The merchant being a stranger to the toon,
    He put on the old coat and goon;
    And down the street he soundly swore
    He would never lie with a beggar no more.

FINE FLOWERS IN THE VALLEY

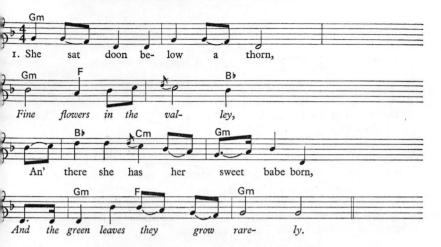

1. She sat doon below a thorn,
Fine flowers in the valley,
An' there she has her sweet babe born,
And the green leaves they grow rarely.

2. "Smile na sae sweet, my bonnie babe,"
    Fine flowers in the valley,
    "An' ye smile sae sweet, ye'll smile me deid."
    And the green leaves they grow rarely.

3. She's ta'en oot her little pen-knife,
    And twinn'd the sweet babe o' its life.

4. She's howket a grave by the light o' the moon,
    And there she's buried her sweet babe in.

5. As she was going to the church,
    She saw a sweet babe in the porch.

6. "O sweet babe, an' thou were mine,
    I wad cleed thee in the silk sae fine."

7. "O mither dear, when I was thine,
    Ye didna prove tae me sae kind."

THE BANKS O' RED ROSES

1. When I was a wee thing and ea-sy led a-stray
Be-fore I would work I would rai-ther sport and play
Be-fore I would work I would rai-ther sport and play
Wi' my John-nie on the banks o' red ro-se

2   On the banks o' red roses my love and I sat down,
     He took out his tuning-box to play his love a tune.
     In the middle o' the tune, his love broke down and cried,
     "Oh, my Johnnie, oh my Johnnie dinna leave me."

3   He took out his pocket-knife, and it was long and sharp,
     And he pierced it through and through his bonnie lassie's heart,
     And he pierced it through his bonnie lassie's heart,
     And he left her lying low amang the roses.

A PEER ROVIN' LASSIE

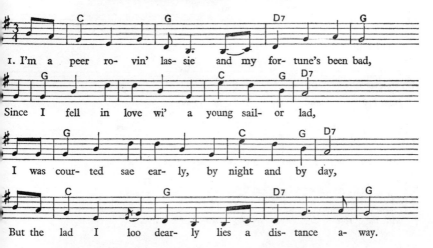

1. I'm a peer ro- vin' las- sie and my for- tune's been bad,

Since I fell in love wi' a young sail- or lad,

I was cour- ted sae ear- ly, by night and by day,

But the lad I loo dear- ly lies a dis- tance a- way.

Ch. *When I look to yon high hills and my laddie's nae there,*
When I look to yon high hills it maks my hert sair.
When I look to yon high hills and a tear dims my e'e,
For the lad I loo dearly lies a distance fae me.

2. For it's friends and relations they have all joined in one,
For to part me and my sailor they have done all they can,
For to part me and my true love they have done all they know,
But the lad I loo dearly he will love me more so.

3. There's a bunch of blue ribbons to my love I'll prepare,
And through the long summer I will give him to wear,
And when he comes back again I will crown him with joy,
And I'll kiss the sweet lips of my own sailor boy.

THE CRUEL BRITHER

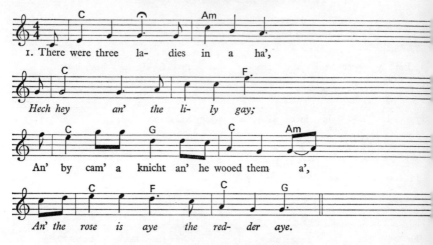

1. There were three la- dies in a ha',

Hech hey an' the li- ly gay;

An' by cam' a knicht an' he wooed them a',

An' the rose is aye the red- der aye.

2   The first ane she was cled in green;
       Hech hey an' the lily gay;
    "Will you fancy me, an' be my queen?"
       An' the rose is aye the redder aye.

3   "You may seek me frae my father dear,
    An' frae my mither, wha did me bear.

4   "You may seek me frae my sister Anne,
    But no, no, no frae my brither John."

5   The neist ane she was cled in yellow;
    "Will ye fancy me an' be my marrow?"

6   "Ye may seek me frae my father dear,
    An' frae my mither, wha did me bear.

7   "Ye may seek me frae my sister Anne,
    But no, no, no, frae my brither John."

8   The neist ane she was cled in red;
    "Will ye fancy me, an' be my bride?"

9   "Ye may seek me frae my father dear,
    An' frae my mither wha did me bear.

10   "Ye may seek me frae my sister Anne,
    An' dinna forget my brither John."

11   He socht her frae her father, the king,
        An' he socht her frae her mither, the queen.

12   He socht her frae her sister Anne;
        But he forgot her brither John.

13   Her mither she pit on her goon,
        An' her sister Anne preened the ribbons doon.

14   Her father led her doon the close;
        An' her brither John set her on her horse.

15   She's bended doon tae gie him a kiss,
        He struck his penknife through her breist.

16   Up an' spak' oor foremost man,
        "I think oor bonnie bride's pale an' wan."

17   "What will ye leave tae your father dear?"
        "The milk-white steed that brocht me here."

18   "What will ye leave tae your mither dear?"
        "The bluidy robes that I do wear."

19   "What will ye leave tae your sister Anne?"
        "My silken snood an' my golden fan."

20   "What will ye leave tae your brither John?"
        "The gallows tree tae hang him on."

WHERE IS THE GLASGOW?

1. Oh, where is the Glas- gow where I used tae stey,
The white wal- ly clo- ses done up wi' pipe cley;
Where ye knew eve- ry neigh-bour frae first floor tae third,
And tae keep your door locked was con- si- dered ab- surd.
Do you know the folk stey- ing next door tae you?

2   And where is the wee shop where I used tae buy
A quarter o' totties, a tuppeny pie,
A bag o' broken biscuits an' three totty scones,
An' the wumman aye asked, "How's your maw gettin' on?"
Can your big supermarket give service like that?

3   And where is the wean that once played in the street
Wi' a jorrie, a peerie, a gird wi' a cleek?
Can he still cadge a hudgie an' dreep aff a dyke,
Or is writing on walls noo the wan thing he likes?
Can he tell Chickie Mellie frae Hunch, Cuddy, Hunch?

4   And where is the tram-car that once did the ton
Up the Great Western Road on the old Yoker run?
The conductress aye knew how to deal wi' a nyaff—
"If ye're gaun, then get oan, if ye're no, then get aff!"
Are there ony like her on the buses the day?

5   And where is the chip shop that I knew sae well,
The wee corner café where they used tae sell
Hot peas and brae an' MacCallums an' pokes,
An' ye knew they were Tallies the minute they spoke:
"Dae ye want-a-da raspberry ower yer ice-cream?"

6   Oh, where is the Glasgow that I used tae know,
Big Wullie, wee Shooey, the steamie, the Co.,

The shilpet wee bauchle, the glaiket big dreep,
The ba' on the slates, an' yer gas in a peep?
If ye scrape the veneer aff, are these things still there?

TULLOCHGORUM

1. Come gie's a sang Mont- gome- ry cried, An' lay your dis- putes a' a- side;
What non- sense is't for folks 'tae chide For what's been done a- fore them.
Let Whig an' To- ry a' a- gree, Whig an' To- ry, Whig an' To- ry,
Whig an' To- ry a' a- gree, Tae drop their whig- meg- mo- rum.
Let Whig an' To- ry a' a- gree, Tae spend this nicht wi' mirth an' glee,
An' cheer- fu' sing a- lang wi' me, The Reel o' Tull- och- go- rum.

2   Tullochgorum's my delight,
It gars us a' in ane unite,·
An' ony sumph that keeps up spite,
In conscience I abhor him.
Blithe an' merry we's be a',
Blithe an' merry, blithe an' merry,
Blithe an' merry we's be a',
Tae mak' a cheerful quorum.
Blithe an' merry, we's be a',
As lang's we hae a breath tae draw,
An' dance, till we be like tae fa',
The Reel o' Tullochgorum.

3   Let wardly minds themselves oppress
Wi' fear o' want and double cess;

An' silly sauls themselves distress
Wi' keepin' up decorum.
Shall we sae sour an' sulky sit,
Sour an' sulky, sour an' sulky;
Shall we sae sour an' sulky sit,
Like auld Philosophorum.
Shall we sae sour an' sulky sit,
Wi' neither sense, nor mirth, nor wit,
An' canna rise tae shake a fit,
At the Reel o' Tullochgorum.

4   May choicest blessings still attend
Each honest-hearted open friend,
An' calm an' quiet be his end,
Be a' that's good before him!
May peace an' plenty be his lot,
Peace an' plenty, peace an' plenty;
May peace an' plenty be his lot
An' dainties, a great store o'em!
May peace an' plenty be his lot,
Unstained by any vicious blot;
An' may he never want a groat
That's fond o' Tullochgorum.

5   But for the discontented fool,
Who wants to be oppression's tool,
May envy gnaw his rotten soul,
An' blackest fiends devour him!
May dool an' sorrow be his chance,
Dool an' sorrow, dool an' sorrow;
May dool an' sorrow be his chance,
An' honest souls abhor him.
May dool an' sorrow be his chance,
An' a' the ills that come frae France,
Whoe'er he be that winna dance
The Reel o' Tullochgorum.

LASSIE LIE NEAR ME

Lang hae we parted been
Lassie my dearie;
Now we are met again,
Lassie lie near me.

LASSIE LIE NEAR ME

LASSIE WI' THE YELLOW COATIE

Ch. Las-sie wi' the yel-low coa-tie,
Will ye wed a muir-lan' Jo-ckie?
Las-sie wi' the yel-low coa-tie,
Will ye busk an' gang wi' me?

1   I hae meal and milk in plenty,
    I hae kail an' cakes fu' dainty,
    I've a but an' ben fu' genty,
    But I want a wife like thee.

2   Although my mailen be but sma',
    An' little gowd I hae to shaw,
    I hae a heart without a flaw,
    An' I will gie it a' to thee.

3   Wi' my lassie an' my doggie,
    O'er the lea an' through the boggie,
    Nane on earth was e'er sae vogie,
    Or as blythe as we will be.

4   Haste ye, lassie, to my bosom
    While the roses are in blossom;
    Time is precious, dinna lose them—
    Flowers will fade, an' sae will ye.

FINAL CHORUS
Lassie wi' the yellow coatie,
Ah! tak' pity on your Jockie;
Lassie wi' the yellow coatie,
I'm in haste, an' sae should ye.

DAINTY DAVIE

1. It was in and through the win- dow broads
And a' the tir- lie- wir- lies o't,
The sweet- est kiss that e'er I got
Was from my dain- ty Da- vie.

2. Oh, leeze me on your cur- ly pow,
Dain- ty Da- vie, dain- ty Da- vie,
Leeze me on your cur- ly pow,
My ain dear dain- ty Da- vie.

2   It was doon amang my daddy's pease,
And underneath the cherry-trees—
Oh, there he kist me as he pleased,
For he was mine ain dear Davie.

3   When he was chased by a dragoon,
Into my bed he was laid doon.
I thocht him worthy o' his room,
For he's aye my dainty Davie.

THE MAGDALEN GREEN

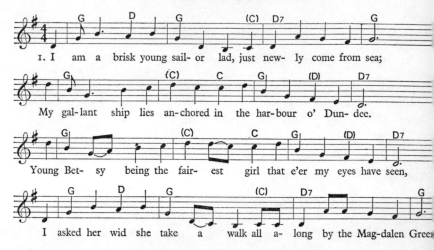

1. I am a brisk young sail- or lad, just new- ly come from sea;
My gal-lant ship lies an-chored in the har-bour o' Dun- dee.
Young Bet- sy being the fair- est girl that e'er my eyes have seen,
I asked her wid she take a walk all a- long by the Mag-dalen Green

2   But, roguish smile upon her face, she answered me and said:
"To take a walk with you young man it's I would be afraid.
For the roads they are so slippery and the night so hard and keen,
And it would not do for me to fall all along by the Magdalen Green."

3   But with false words and flattering tongue the lass soon gied consent,
We wandered here, we wandered there, and happy times we spent.
And mony's the day and night we roamed to view the pleasant scene;
I'm afraid this maid got mony's the fall all along by the Magdalen Green

4   But some strange thought had crossed my mind that I would go to sea
And leave my bonny Betsy, my maid o' sweet Dundee.
I bade farewell to Dundee where happy we had been,
And left this maid to weep and mourn all along by the Magdalen Green

5   One night as I lay slumbering I dreamed a fearful dream,
I dreamed I was the father of a darling little son;
And for that dear young maiden I saw her there quite plain,
And she was sad lamenting all along by the Magdalen Green.

6   So come all you brisk young sailor lads and a warning take by me,
Never love a fair young maid then shun her company;
But I'll come back to Dundee town, for a rascal I have been,
And I will make it up to her all along by the Magdalen Green.

EENCE UPON A TIME

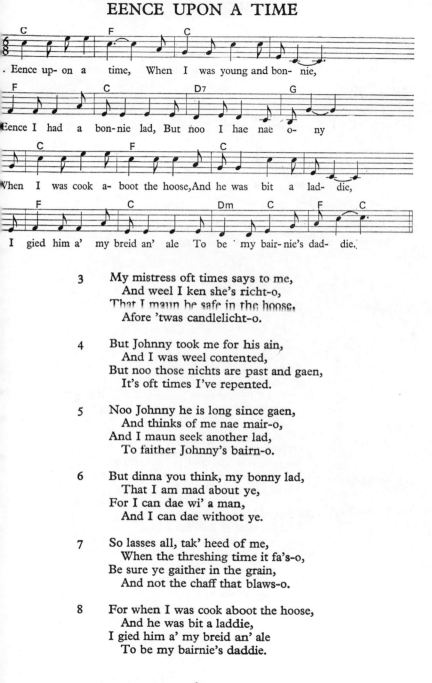

3   My mistress oft times says to me,
    And weel I ken she's richt-o,
    That I maun be safe in the hoose,
    Afore 'twas candlelicht-o.

4   But Johnny took me for his ain,
    And I was weel contented,
    But noo those nichts are past and gaen,
    It's oft times I've repented.

5   Noo Johnny he is long since gaen,
    And thinks of me nae mair-o,
    And I maun seek another lad,
    To faither Johnny's bairn-o.

6   But dinna you think, my bonny lad,
    That I am mad about ye,
    For I can dae wi' a man,
    And I can dae withoot ye.

7   So lasses all, tak' heed of me,
    When the threshing time it fa's-o,
    Be sure ye gaither in the grain,
    And not the chaff that blaws-o.

8   For when I was cook aboot the hoose,
    And he was bit a laddie,
    I gied him a' my breid an' ale
    To be my bairnie's daddie.

BARBARA ALLAN

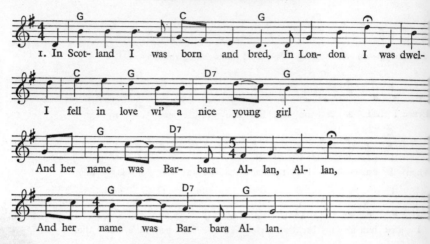

1. In Scot- land I was born and bred, In Lon- don I was dwel-
I fell in love wi' a nice young girl
And her name was Bar- bara Al- lan, Al- lan,
And her name was Bar- bara Al- lan.

2   I courted her for seven long years,
        Till I could court no longer;
    I grew sick and very very ill,
    I sent for my own true lover, lover,
        I sent for my own true lover.

3   Slowly she put on her clothes,
        And slowly she came walking
    And when she came to my bedside
    She said, "Young man, you are dying, dying,"
        She said ,"Young man, you are dying."

4   "Dying my love, that cannot be,
        One kiss from you would cure me;"
    "One kiss from me that never shall be,
    While your hard heart lies aching, aching,
        While your hard heart lies aching."

5   He turned his back towards the wall,
        And his face to Barbara Allan,
    Adieu to you, and adieu to all,
    And adieu to Barbara Allan, Allan,
        And adieu to Barbara Allan.

6   Look ye up to my bedside,
        There you will see hanging,
    A guinea gold watch and a silver chain
    And give that to Barbara Allan, Allan,
        And give that to Barbara Allan.

7   Look ye down to my bedside,
      There ye will see standing
    A china basin full of tears,
    And give that to Barbara Allan, Allan,
      And give that to Barbara Allan.

8   She had not gone a mile or two
      When she heard the church bells tolling,
    And every toll it seemed to say—
    "Hard-hearted Barbara Allan, Allan.
      Hard-hearted Barbara Allan."

9   "Oh mother, you'll make my bed for me
      You will make it soft and narrow;
    My love has died for me to-day,
    And I for him to-morrow, morrow,
      And I for him to-morrow."

10   Her mother then she made her bed
      Wi' muckle grief and sorrow;
    She laid her down to rise no more,
    And she died for her own true lover, lover,
      And she died for her own true lover.

MARY MACK

1. There's a nice wee lass and her name's Ma-ry Mack, Mak' no mis-take she's the miss I'm goin' tae tak'. There's a lot of o-ther chaps that would get up-on her track, But I'm think-ing they'd have to get up ear-ly. Ch. Ma-ry Mack's fai-ther's mak-in' Ma-ry Mack mair-ry me. My fai-ther's mak-in' me mair-ry Ma-ry Mack; And I'm goin' tae mair-ry Ma-ry tae get mair-ried an' tak' care o' We'll a' be mak-in' mer-ry when I mair-ry Ma-ry Mack.

2 This wee lass she his a lot o' brass,
She his a lot o' gas, her faither thinks I'm class,
And I'd be a silly ass tae let the maitter pass,
Her faither thinks she suits me fairly.

3 Noo Mary and her mither gang an awfa' lot thegither,
In fact ye niver see the one, or the one withoot the ither.
And the fellows often winner if it's Mary or her mither,
Or the both o' them thegither that I'm courtin'.

4 Noo the weddin' day's on Wednesday, and everything's arranged,
Her name will soon be changed tae mine, unless her min' be changed,

And wi' makin' the arrangements, faith, I'm jist aboot deranged,
For marriage is an awfa' undertakin'.

5 It's sure tae be a grand affair and grander than a fair;
A coach and pair for rich and peer and every pair that's there;
We'll dine upon the finest fare, I'm sure tae get my share,
If I don't we'll all be very much mistaken.

I'LL LAY YE DOON, LOVE

Ch. "I'll lay ye doon, love, I'll treat ye de- cent,
I'll lay ye doon, love, I'll fill your can.
I'll lay ye doon, love, I'll treat ye de- cent."
For sure- ly he is an ho- nest man.

1 As I walked oot on a simmer evening,
Doon by the water and the pleasant sand,
And as I was walking, sure I could hear them talking,
Saying surely he is an honest man.

2 I hae traivelled faur frae Inverey,
Aye and as faur as Edinburgh toon,
But it's I must gae, love, and travel further,
And when I return I will lay ye doon.

3 I maun leave ye noo, love, but I'll return
Tae ye my love and I'll tak' your hand,
Then no more I'll roam frae ye my love,
No more tae walk on the foreign sand.

THE SHEPHERD LADDIE

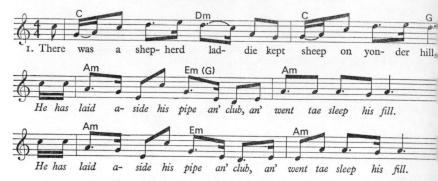

1. There was a shep-herd lad-die kept sheep on yon-der hill.

He has laid a-side his pipe an' club, an' went tae sleep his fill.

He has laid a-side his pipe an' club, an' went tae sleep his fill.

2   But when he waukened up again, an' leanin' on his crook,
    It's there he spied a weel-faur'd maid, she was bathin' in a brook,
    It's there he spied a weel-faur'd maid, she was bathin' in a brook.

3   "I'll tak' ye by the middle small and gently lay ye doon,
    An' I'll tak' oot my shepherd's pipe an' play a bonnie tune."

4   "Young man, keep aff your hands," she says, "nor do me any wrong,
    An' I'll gie you as much money as you can carry home.

5   "My faither he's a fairmer that liveth just near by,
    An' if he knew ye troubled me, richt angry wad he be.

6   "But ye'll come doon tae yon ha' door an' tirl upon the pin,
    An' there ye'll get your wills o' me amang the sheets sae fine."

7   He cam' doon tae yon green wood, an' doon tae yon ha' door,
    An' she called owre a window high, "Of me you'll get nae more.

8   "Ye're like a steed my faither had, was tethered on the loan,
    He hung his head above the hay, but never laid it on.

9   "Ye're like a cock my faither had, that wore a double kaim,
    He clapp'd his wings but never crew, an' I think that ye're like him."

THE CUCKOO'S NEST

1. There is a thorn bush in oor kail-yard,
There is a thorn bush in oor kail-yard.
At the back o' thon bush there stands a lad and lass,
And they're bu-.sy, bu-sy herry-in' at the cuc-koo's nest.
And its hey the cuck and ho the cuck and hey the cuc-koo's nest,
And its hey the cuck and ho the cuck and hey the ·cuc-koo's nest.
I'll gie o-ny bo-dy a shil-lin' and a bot-tle o' the best,
If they'll rum-ple up the fea-thers o' the cuc-koo's nest.

2 It is thorned, it is sprinkled, it is compassed all around,
It is thorned, it is sprinkled, and it isn't easy found.
She said: "Young man, you're plundering;" I said it wasnae true,
But I left her wi' the makin's o' a young cuckoo.

69

BONNIE LASS COME OWER THE BURN

1. Bon- nie lass come ower the burn, I'm the lad 'll dae your turn,
Oh, din- nae ye stand there and mourn, And fit the dee-vil ails ye?
Bon- nie lass come ower the street, I am the fai- ther o' your geet
Oh, din- nae ye stand there and greet, And fit the dee-vil ails ye?

2 Bonnie lass come by my side,
I'm the lad that laid your pride
An' never took ye for my bride—
And fit the deevil ails ye?
Bonnie lass come ower the burn
I'm the lad will dae your turn;
Bonnie lass come ower the burn,
And fit the deevil ails ye?

THE COLLEGE BOY

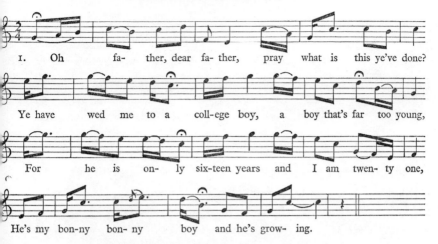

1. Oh fa- ther, dear fa- ther, pray what is this ye've done?
Ye have wed me to a coll-ege boy, a boy that's far too young,
For he is on- ly six-teen years and I am twen- ty one,
He's my bon-ny bon- ny boy and he's grow- ing.

2   As we were going through college when some boys were playing ball,
It's there I saw my own true love, the fairest of them all,
It's there I saw my own true love, the fairest of them all,
He's my bonny bonny boy and he's growing.

3   Oh at the age of sixteen years he was a married man,
And at the age of seventeen, the father of a son,
And at the age of twenty one he did become a man,
Though the green grass owre his grave, it was growing.

4   I will buy my love some flannel and I'll make my love a shroud.
With every stitch I put in it the tears will pour down,
With every stitch I put in it the tears will flow down,
For cruel fate has put an end to his growing.

THE BIRKEN TREE

1. "Oh lass, gin ye wad think it richt, Tae gang wi' me this ve-ry nicht
We'll cud-dle till the mor-ning licht, By a' the lave un-seen, oh.
It's ye shall be my dear-ie, My ain dear-est dear-ie;
An' ye shall be my dear-ie, Gin ye meet me at e'en, oh."

2 "I dare na frae my mammy gae,
She locks the door an' keeps the key,
An' e'en an' morning charges me,
And aye aboot the men, oh.
 She says they're a' deceivers,
 Deceivers, deceivers,
 She says they're a' deceivers,
 We canna trust to ane, oh."

3 "Oh never mind your mammie's yell,
Nae doubt she met your dad hersel';
And should she flyte ye may her tell
She's aften dune the same, oh.
 Sae, lassie, gie's yer hand on't,
 Your bonnie milk-white hand on't;
 Oh lassie, gie's your hand on't,
 And scorn to lie your lane, oh."

4 "Oh lad, my hand I canna gie,
But aiblins I may steal the key,
And meet you at the birken tree
That grows down in the glen, oh.
 But dinna lippen, laddie,
 I canna promise, laddie,
 Oh dinna lippen, laddie,
 In case I canna win, oh."

5 Now, he's gane to the birken tree,
In hopes his true love there to see;
And wha cam' tripping o'er the lea,

But just his bonnie Jean, oh.
　　And she sat doon beside him,
　　Beside him, beside him,
　　And she sat doon beside him,
　　Upon the grass sae green, oh.

6　　"I'm overjoyed wi' rapture noo,"
　　Cried he, and kissed her cherry mou',
　　And Jeannie ne'er had cause to rue
　　That nicht upon the green, oh.
　　　For she has got her Johnnie,
　　　Her sweet and loving Johnnie,
　　　For she has got her Johnnie,
　　　And Johnnie's got his Jean, oh.

I KEN WHAUR I'M GAUN

1. I ken whaur I'm gaun, You're no co-ming wi' me.
I've got a lad o' my ain, An' ye can-na tak' him fae me.

2　　He wears a tartan kilt,
　　He's fairly in the fashion,
　　An' every time he cocks his leg
　　Ye canna help fae laughin'.

BONNIE LASS AMONGST THE HEATHER

1. It was up yon dark an' lone-ly glen,
That stands by many a lof-ty moun-tain,
Far frae the bu-sy haunts o' man,
Ae day as I gaed oot a-hunt-in'.

2   A happy day it was tae be,
That day I stole my rovin' fancy;
She was herdin' sheep on yonder hill,
It was there I spied my lovely Nancy.

3   Her coat was white, her goon was green,
Her waist it was so tall an' slender;
With her rosy cheeks an' her downcast eyes,
It made my hert nae mair tae wander.

4   Says I, "Ma lassie will ye gang,
An' sleep upon my bed o' feathers,
For it's silks an' satins ye'll gang in,
Gin ye leave your sheep amongst the heather."

5   "Oh I thank you sir, your offer's fair,
But I'm afraid it's meant in laughter;
For ye must be some rich squire's son,
And I am only a poor shepherd's daughter."

6   I hae been tae balls an' masquerades,
I hae been tae London an' Balquhidder,
But the bonniest lass that e'er I saw,
It was her I met amongst the heather.

7   It's her I've got, it's her I've sought,
An' wi' her I mean tae live contented;
It's her I've got, it's her I've sought,
Sae fareweel, fareweel, my song is ended.

MOUNT AND GO

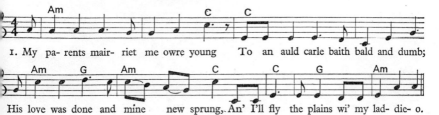

1. My pa-rents mair-riet me owre young To an auld carle baith bald and dumb;

His love was done and mine new sprung, An' I'll fly the plains wi' my lad-die-o.

Ch   *Come, bonnie laddie, mount and go,*
        Hey, bonnie laddie, mount and go,
        Come, bonnie laddie, mount and go,
        Go, an' I'll go wi' ye-o.

2   I will leave my guid peat-stack,
        Sae wid I my guid kailyard,
        Sae wid I my auld bald laird,
        An' fly the plains wi' my laddie-o.

3   The auld man he fell fast asleep,
        An' oot o' his airms she quickly did creep,
        The keys o' the cabin she did keep,
        And she's flown the plains wi' her laddie-o.

4   The auld man waukent in the ha',
        The sheet was cauld an' she was awa',
        An' the wecht o' hersel' o' gold an' a',
        An' she's flown the plains wi' her laddie-o.

5   Ye'll gang doon to yon sea-shore,
        An' ye'll see a ship faur she was before,
        An' ask at the skipper if she's been there,
        Or if ony o' the sailors saw her-o.

6   Fan they were sailin' on the sea,
        She drank their health right merrily,
        An' she threw the wine-glass into the sea,
        For joy she had won wi' her laddie-o.

7   When they landed owre the lea,
        She was lady o' fifty ploughs an' three,
        She was lady o' fifty ploughs an' three,
        An' she dearly loves her laddie-o.

THE KELTY CLIPPIE

1. I have tra-velled roon' this coun-trie, From shore tae shi-ning shore,
Frae the swamps o' Auch-ter-der-ran Tae the jun-gles o' Loch-ore
But in all these far flung pla-ces There's none that can com-pare
Wi' the Li-ly o' Lum-phin-nans, She's ma bon-nie Mag-gie Blair.

> **Ch.** *Oh, she's just a Kelty Clippie,*
> *She'll no' tak' nae advice;*
> *It's "Ach drap deid, awa' bile yer heid,*
> *Ah'll punch yer ticket twice."*
> *Her faither's jist a waister,*
> *Her mither's on the game,*
> *She's jist a Kelty clippie*
> *But I love her just the same.*

2   Frae the pyramids up in Kelty
      Tae the mansions in Glencraig,
We've trod the bings together
      In mony's the blyth stravaig;
Watched the moonlight over Crosshill,
      Trod Buckhaven's golden sand,
And mony's the happy oor we've spent
      In Lochgelly's Happy Land.

3   Well I met her on the "eight fifteen"
      That nicht o' romantic bliss.
I says "Hey Mag pit doon yer bag
      And gie's a wee bit kiss."
Well she didnae tak' that kindly,
      No she didnae like ma chaff,
And bein' a contrary kind o' lass
      She says "Come oan—get aff."

4   Noo she hisnae got nae culture,
      Ach she drives me roon' the bend,
She sits every nicht in an old arm chair

Readin' the "People's Friend."
Her lapels is fu' o' badges
  Frae Butlins doon at Ayr,
And she gangs tae the Bingo every nicht
  Wi' the curlers still in her hair.

5   But things is a wee bit better noo,
          Ah've gone and bocht the ring;
        I won it frae Jim at the Pitch and Toss
          Last nicht at the Lindsay Bing.
        Wi' her wee black hat and her ticket machine
          She did ma heart ensnare,
        She's the Lily o' Lumphinnans,
          She's ma bonnie Maggie Blair.

THE BONNIE FISHER LASS

1. 'Twas in the month of August, One morn-ing by the sea, When vi- o- lets and cow- slips, They so de- ligh- ted me, I met a pret- ty dam- sel, For an Em-press she might And my heart was cap- tiv- a- ted By the bon- nie fi- sher

Ch. *Her petticoats she wore so short*
They came straight below her knee;
Her handsome leg and ankle
They so delighted me.
Her rosy cheeks, her yellow hair,
For an empress she might pass;
And wi' her creel she daily toiled,
The bonnie fisher lass.

2   I stepped up beside her
And to her I did say,
"Why are you out so early,
Why are you going this way?"
She said "I'm going to look for bait,
Now allow me for to pass,
For our lines we must get ready,"
Said the bonnie fisher lass.

3   "When father's out upon the sea
We're out upon the pier,
For we must dread in terror
And we must dread in fear,
Lest he should meet a watery grave
And be snatched from our grasp,
And we'd wander broken-hearted,"
Said the bonnie fisher lass.

THE BAND O' SHEARERS

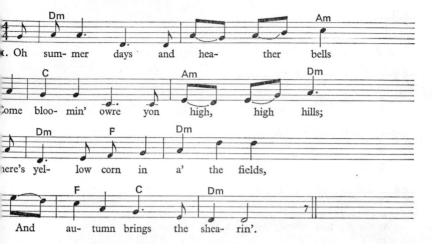

1. Oh sum- mer days and hea- ther bells
Come bloo- min' owre yon high, high hills;
There's yel- low corn in a' the fields,
And au- tumn brings the shea- rin'.

Ch. *Bonnie lassie will ye gang*
And shear wi' me the hale day lang?
And love will cheer us as we gang
Tae join yon band o' shearers.

2 Oh if the weather be's owre hot
I'll cast my gravat and my coat,
And shear wi' ye amang the lot,
When we join yon band o' shearers.

3 And if the thistle is owre strang,
And pierce your lily milk-white hand,
It's wi' my hook I'll cut it down,
When we gang tae the shearin'.

4 And if the weather be's owre dry,
They'll say there's love twixt you and I,
But we will proudly pass them by,
When we join yon band o' shearers.

5 And when the shearin' it is done,
And slowly sets the evening sun,
We'll have some rantin' roarin' fun,
And gang nae mair tae the shearin'.

FINAL CHORUS
So bonnie lassie bricht and fair,
Will ye be mine for evermair?
If ye'll be mine then I'll be thine,
And we'll gang nae mair tae the shearin'.

79

THE BACK O' BENNACHIE

1. As I cam' roun' by Ben-na-chie
A bon-nie young las-sie there I did see,
I gaed her a wink and she smiled tae me
At the back o' Ben-na-chie.

Ch. *Oh, there's meal and there's ale whaur the Ga-die rins,*
Wi' the yel-low broom and the bon-nie whins,
There's meal and there's ale whaur the Ga-die rins,
At the back o' Ben-na-chie.

2   Oh I took my lassie on my knee,
Her kilt was short abeen her knee,
I says, "My lassie will ye come wi' me,
Tae the back o' Bennachie?"

3   I says tae her, "Pit on your kilt,
You're a gey bra' deem and you're gey weel built,
You can wear your plaidie alang wi' your kilt,
At the back o' Bennachie."

4   Oh when her mither comes tae ken,
We'll hae tae rin noo fae oor hame,
And sleep in the heather up in the glen,

At the back o' Bennachie.

5   Oh, here's tae the lassie o' Bennachie,
       I'll never gang back for her tae see.
       I'll bide wi' my mither until I dee,
       At the back o' Bennachie.

HISHIE BA'

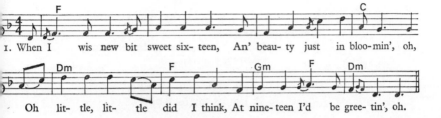

1. When I wis new bit sweet six- teen, An' beau- ty just in bloo- min', oh,

Oh lit- tle, lit- tle did I think, At nine- teen I'd be gree- tin', oh.

2   For the plooman lads, they're gey weel lads,
       They're false an' deceivin', oh,
       They sail awa' an' they gang awa',
       An' they leave their lassies greetin', oh.

3   For if I hadda kent whit I dae ken,
       An' teen ma mither's biddin', oh,
       Oh, I widna be sittin' at your fireside,
       Crying hishie ba', ma bairnie, oh.

4   Oh hishie ba', oh I'm your ma,
       Bit the Lord kens wha's your daddy, oh.
       Bit I'll tak' good care an' I'll be aware,
       O' the young men in the gloamin', oh.

THE BONNIE BANKS O' AIRDRIE

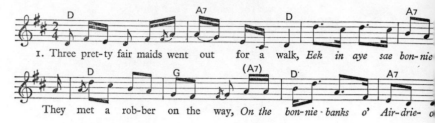

1. Three pret-ty fair maids went out for a walk, *Eek in aye sae bon-nie* They met a rob-ber on the way, *On the bon-nie · banks o' Air-drie-o*

2   He's ta'en the first one by the hand,
Eek in aye sae bonnie-o!
He twirled her roon and he made her stand,
On the bonnie banks o' Airdrie-o!

3   "Would ye be a rank robber's wife,
Or would ye die by my penknife?"

4   "I'll not be a rank robber's wife,
I'd rather die by your penknife."

5   He's ta'en the second one by the hand,
He twirled her roon and he made her stand.

6   "Would ye be a rank robber's wife,
Or would ye die by my penknife?"

7   "I'll not be a rank robber's wife,
I'd rather die by your penknife."

8   He's ta'en the third one by the hand,
He twirled her roon and he made her stand.

9   "Would ye be a rank robber's wife,
Or would ye die by my penknife?"

10   "I'll not be a rank robber's wife,
Nor I'll not die by your penknife.

11   "For I've got a brother in this wood,
If you kill me then he'll kill you."

12   "Come tell me your brother's name."
"They ca' my brother Boblin John."

13   "Oh dear me what is this I've done?
I've killed my sisters all but one."

14   He's lifted them up and he's carried them hame;
      "A-robbin', a-robbin' I'll never go again."

ROSEBERRY LANE

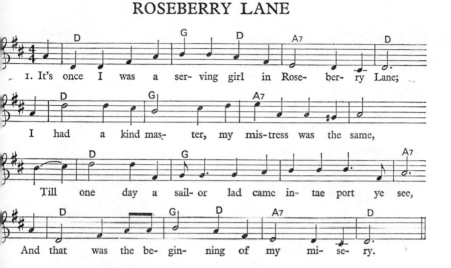

1. It's once I was a ser- ving girl in Rose- ber- ry Lane;
I had a kind mas- ter, my mis- tress was the same,
Till one day a sail- or lad came in- tae port ye see,
And that was the be- gin- ning of my mi- se- ry.

Ch.   *Home dearie home, oh it's home I long to be,*
     Home far away in wur own counterie,
     Where the oak and the ash and the bonnie elm tree,
     They're all growing green in wur own counterie.

2   He called for a candle tae light him up tae bed,
     And likewise a handkerchief tae tie around his head.
     Tae tie around his head as the sailors often do,
     Saying, "Now my pretty fair maid, will you come too?"

3   Now Maggie was a young girl and she thought it was nae harm,
     Tae jump intae bed for tae keep the sailor warm;
     And what they did there no one shall ever hear,
     But she wished that short night it had lasted for a year.

4   Now early in the morning the sailor he arose,
     And intae Maggie's apron a bag o' gold he throws,
     Saying, "Tak' this my bonnie lassie, for the harm that I have done,
     For this night I fear I've left you wi' a dochter or a son."

5   "Well if it is a girl child ye'll send her oot tae nurse,
     Wi' gold all in your pocket and silver in your purse,
     And if it be's a boy child he'll wear the jacket blue,
     And court the bonnie lassies like his daddy used tae do."

THE SWAN SWIMS BONNIE

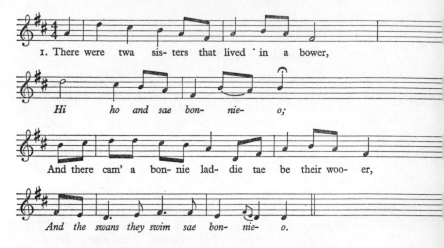

1. There were twa sisters that lived in a bower,
Hi ho and sae bonnie-o;
And there cam' a bonnie laddie tae be their wooer,
And the swans they swim sae bonnie-o.

2 Oh sister, oh sister, will ye come for a walk?
 Hi ho and sae bonnie-o;
 And I'll show ye wonders afore ye come back,
 And the swans they swim sae bonnie-o.

3 Oh sister, oh sister, pit your fit on yon stane,
 And I'll show ye wonders afore we go hame.

4 So she's pit her fit upon yon stane,
 And sae slyly her sister has pushed her in the stream.

5 Oh sister, oh sister, come gie me your hand,
 And I'll gie ye my houses and half o' my land.

6 Oh sister, oh sister, ye winna get my hand,
 And I'll still hae your houses and a' o' your land.

7 Sometimes she sank and sometimes she swam,
 Until she has come tae the miller's mill dam.

8 The miller he cam' oot and he looked intae his dam,
 Says, "Here is a maid or a milk white swan."

9 He's lifted her oot and he's laid her on a stane,
 And three fiddlers spied her as they walked along.

10 The first ane o' them's ta'en three lengths o' her hair,
 Says, "This'll mak' me strings for a fiddle sae rare."

11 The second ane o' them, he has ta'en her finger banes,

Says," This'll mak' the fiddle some fine fiddle pins."

12   But the third ane o' them he has ta'en her breist bane,
     Says, "This'll mak' a fiddle that'll play a tune its lane."

13   They've picked the fiddle up and it's they've gane on their wey,
     Till they've come tae her father's castle that stood sae high.

14   They gaed in and they sat doon tae dine,
     When they laid the fiddle by, it began tae play its lane.

15   The first tune it played—"There's my father, the King,"
     And the second that it played—"There's my mither the Queen."

16   But the third that it played—"There's my fause sister Jean,
     And sae slyly she pushed me intae the running stream."

17   Then up and there spak' her fause sister Jean,
     Says, "We'll pey these three fiddlers and let them be gone."

18   Then up and there spak, it's her father the King,
     "I'll pey these three fiddlers tae play that tune again."

19   They've built a fire that would near burn a stane,
     And intae the middle o't they've pushed her sister Jean.

YON HIGH HIGH HILL

1. As I gaed owre yon high high hill, I met a bonnie las-
She looked tae me an' I tae her And oh but she was sau-
Ch. Lil tae too- rin ray, jal the did- dle ay,
Fal the did- dle i- do, lil tae too- rin ray.

2 "Oh what's your name my bonnie bonnie lass,
 Oh what's your name my honey?"
 Quite modestly she answered me,
 "My mammy calls me Annie."

3 "Far are ye gyaun my bonnie bonnie lass,
 Far are gyaun my honey?"
 Quite modestly she answered me,
 "An errand for my mammy."

4 "Wid ye tak' a lad, my bonnie bonnie lass,
 Wid ye tak' a lad, my honey?"
 Quite modestly she answered me,
 "I daur nae for my mammy."

5 "I will come tae you in the middle o' the nicht,
 When the moon is shining clearly,
 An' ye will rise and let me in
 An' the auld wife winna hear me."

6 Oh there I lay that lee lang nicht,
 An' we parted there next morning,
 As up I rose, put on my clothes,
 Says "Fare thee weel, my darlin'."

7 "Ah sodger, ye maun marry me,
 An noo's the time or never.
 Ah sodger ye maun marry me,
 Or I am done forever."

86

BIRNIE BOUZLE

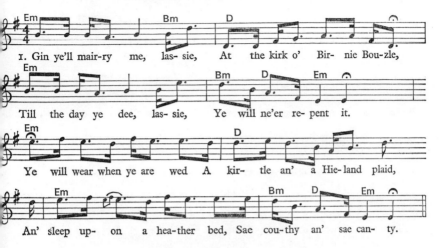

1. Gin ye'll mair-ry me, las-sie, At the kirk o' Bir-nie Bou-zle,

Till the day ye dee, las-sie, Ye will ne'er re-pent it.

Ye will wear when ye are wed A kir-tle an' a Hie-land plaid,

An' sleep up-on a hea-ther bed, Sae cou-thy an' sae can-ty.

2.   Ye will gang saw braw, lassie,
Tae the kirk o' Birnie Bouzle,
Little brogues an' a', lassie,
Vow, but ye'll be canty.
Your wee bit tocher is but sma',
But hodden grey will wear for a',
I'll save ma siller tae mak' ye braw
An' ye will ne'er repent it.

3.   Gin ye'll mairry me, lassie,
At the kirk o' Birnie Bouzle,
Till the day ye dee, lassie,
Ye will ne'er repent it.
We'll hae bonny bairns an' a',
Some lassies fair an' laddies braw
Just like their mither ane an' a',
An' your faither he's consented.

4.   Gin ye'll mairry me, lassie,
At the kirk o' Birnie Bouzle,
Till the day ye dee, lassie,
Ye will ne'er repent it.
I'll hunt the otter an' the brock,
The hart, the hare, an' heather cock.
I'll pu' ye limpets frae the rock
Tae mak' ye dishes dainty.

5.   Gin ye'll mairry me, lassie,
At the kirk o' Birnie Bouzle,
Till the day ye dee, lassie,
Ye will ne'er repent it.

THE LAIRD O' THE DAINTY DOUNBY

1. A las- sie was mil- kin' her fa- ther's kye
When a gen- tle- man on horse- back he cam' ri- din' by,
When a gen- tle- man on horse- back he cam' ri- din' by;
He was the Laird o' the Dain- ty Doun- by.

2 "Lassie, oh lassie, fit wid ye gie,
  If I wis tae lie ae nicht wi' ye?"
  "Tae lie ae nicht that will never, never dee,
  Though you're Laird o' the Dainty Dounby."

3 He's catched her by the middle sae sma',
  He's laid her doon whaur the grass grew lang,
  It wis a lang, lang time or he raised her up again
  Sayin' "You're Lady o' the Dainty Dounby."

4 It fell upon a day and a bonnie simmer's day
  The day the lassie's father some money had tae pay,
  The day the lassie's father some money had tae pay,
  Tae the Laird o' the Dainty Dounby.

5 "Oh good mornin' and how do you do
  An' foo is your dochter Janet ae noo,
  An' foo is your dochter Janet ae noo,
  Since I laid her in the Dainty Dounby?"

6 "Oh my lea Janet, she's no verra weel,
  My dochter Janet, she looks unco pale,
  My dochter Janet, she cowks at her kail,
  Since ye've laid her in the Dainty Dounby."

7 He's ta'en her by the lily white hand,
  He's led her in his rooms, they are twenty one,
  And placed the keys intae her hand,
  Sayin' "You're Lady o' the Dainty Dounby."

8   "Oh" said the auld man, "fit will we dee?"
"Oh" said the auld wife, "I'll dance till I dee."
"Oh" said the auld man, "I think I'll dee it tee,
Since she's Lady o' the Dainty Dounby."

BONNIE YTHANSIDE

1. As I cam' in by Y- than-side Where gent- ly flows the rol- ling tide,
A fair pret- ty maid passed by my side And her looks did me en-snare.

2   She's ta'en me tae her faither's hame
Sae bashfully as I gaed ben,
Says he "Young man ye're far fae hame
On bonnie Ythanside."

3   Weel it's I sat doon her folks tae please,
They treated me tae breid an' cheese,
An' the bairnies a' gaithered roon my knees;
It was a blithesome sicht.

4   But nine o'clock began tae strike
An' the ploomen lads began tae spit,
Says I tae masel' it's time tae flit
Fae bonnie Ythanside.

5   It's masel' arose up tae my feet
An' I bade them a' a braw goodnicht,
An' speirt the road tae Mains o' Gicht
An' the fair maid tae convoy.

6   She's shown me past the barn door,
And oh but my poor heart was sore,
Tae pairt wi' her an' meet nae more
On bonnie Ythanside.

7   But in the spring I cam' back again
An' on her finger placed a ring,
An' hame wi' me then she did come,
Fae bonnie Ythanside.

THE BONNIE LASS O' FYVIE

1. There was ,a troop o' I- rish Dra- goons
Cam' a- mar- chin' doon through Fy- vie- o,
An' their cap- tain's fa'n in love wi' a ve- ry bon- nie lass,
An' her name it was ca'd pret- ty Peg- gy- o.

2   Noo there's mony a bonnie lass in the Howe o' Auchterless,
    There's mony a bonnie lass in the Garioch-o.
    There's mony a bonnie Jean in the toon o' Aiberdeen,
    But the floo'er o' them a' is in Fyvie-o.

3   Oh it's "Come doon the stair, pretty Peggy, my dear,
    Oh come doon the stair, pretty Peggy-o,
    Oh come doon the stair, kame back your yellow hair,
    Tak' a last farewell o' your daddy-o.

4   "For it's I'll gie ye ribbons for your bonnie gowden hair,
    I'll gie ye a necklace o' amber-o,
    I'll gie ye silken petticoats wi' flounces tae the knee,
    If ye'll convoy me doon tae my chaumer-o."

5   "Oh I hae got ribbons for my bonnie gowden hair,
    An' I hae got a necklace o' amber-o,
    An' I hae got petticoats befitting my degree,
    An' I'd scorn tae be seen in your chaumer-o.

6   "What would your mammy think if she heard the guineas clink,
    An' the hautboys a-playin' afore you-o?
    What would your mammy think when she heard the guineas clink,
    An' kent you had married a sodger-o?"

7   "Oh a sodger's wife I never shall be,
    A sodger shall never enjoy me-o.
    For I never do intend to go to a foreign land,
    So I never shall marry a sodger-o."

8   "A sodger's wife ye never shall be,
     For ye'll be the captain's lady-o,
     An' the regiments shall stand wi' their hats intae their hands,
     An' they'll bow in the presence o' my Peggy-o.

9   "It's braw, aye, it's braw a captain's lady tae be,
     It's braw tae be a captain's lady-o.
     It's braw tae rant an' rove an' tae follow at his word,
     An' tae march when your captain he is ready-o."

10   But the Colonel he cries "Now mount, boys, mount!"
     The captain he cries "Oh tarry-o.
     Oh gang nae awa' for anither day or twa,
     Till we see if this bonnie lass will marry-o."

11   It was early next morning that we rode awa'
     An' oh but oor captain was sorry-o.
     The drums they did beat owre the bonnie braes o' Gight
     An' the band played The Lowlands o' Fyvie-o.

12   Lang ere we wan intae auld Meldrum toon
     It's we had oor captain to carry-o.
     An' lang ere we wan intae bonnie Aiberdeen,
     It's we had oor captain tae bury-o.

13   Green grow the birk upon bonnie Ythanside
     An' law lies the lawlands o' Fyvie-o.
     The captain's name was Ned an' he died for a maid;
     He died for the bonnie lass o' Fyvie-o.

THE SPINNER'S WEDDING

1. The gaffer's looking worried, The flett's a' in a steer,
Jessie Brodie's gettin' merried, And the morn she'll no be here.
Ch. Hurrah, hurro, a daddie-o,
Hurrah, hurro, a daddie-o,
Hurrah, hurro, a daddie-o,
Jessie's gettin' merried-o.

2
The helper and the piecer went
Doon the toon last nicht,
Tae buy a wee bit present
Tae mak' her hame look bricht.

3
They bocht a cheeny tea-set,
A chanty fu' o' saut,
A bonnie coloured carpet,
A kettle and a pot.

4
The shifters they're a' dancing,
The spinners singing tae,
The gaffer's standing watching,
But there's nothing he can dae.

5
Here's best wishes tae ye, lassie,
Standing at yer spinning frame,
May ye aye hae full and plenty
In yer wee bit hame.

6
Ye'll no make muckle siller

Nae maitter hoo ye try,
But hoard ye love and loyalty,
That's what money canna buy.

I WISH, I WISH

I wish, I wish it had not been,
Tae fall in love with an I-rish-man,
An I-rish-man he proved to be,
Though he spoke broad Scots when he cour-ted me.

2   I wish, I wish, I wish in vain,
I wish I were but a maid again;
A maid again I never will be,
Till apples grow on an orange tree.

3   Now there's a tavern into the town
Where my love goes and plants himself down;
He calls another girl to his knee
And tells her the tale that he once told me.

4   I wish, I wish my babe was born
And smiling on yon nurse's knee;
And I mysel' were deid an' gone,
With the green, green grass growing over me.

LASSIE LIE NEAR ME

1. Lang hae we part-ed been, Las-sie my dear-ie;
Now we are met a-gain, Las-sie lie near

Ch. Near me, near me, Las-sie lie near me.

Lang hast thou lain thy lane, Las-sie lie near

2 A' that I hae endured,
Lassie, my dearie,
Here in thy arms is cured,
Lassie lie near me.

3 Say that you'll aye be true,
Never deceive me;
And I'll love nane but you,
Lassie lie near me.

4 If in love's bower we meet,
Lassie my dearie,
My joys would be complete,
Lassie lie near me.

94

A ROVIN' TALE

Oh, come a' ye tramps an' hawkers an' gaitherers o' bla',
That tramps the countrie roon' an' roon', come listen ane and a
I'll tell tae you a rovin' tale and sights that I have seen,
Far up into the snowy North and South by Gretna Green.

TRAMPS AN' HAWKERS

I'M A ROVER

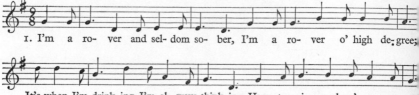

1. I'm a ro- ver and sel- dom so- ber, I'm a ro- ver o' high de- gree; It's when I'm drink-ing I'm al- ways think-ing How to gain my love's com- pa- ny

2   Though the nicht be as dark as dungeon,
    No' a star to be seen above,
    I will be guided without a stumble
    Into the airms o' my ain true love.

3   He steppit up to her bedroom window,
    Kneelin' gently upon a stone,
    He rappit at her bedroom window:
    "Darlin' dear, do you lie alone?"

4   She raised her head on her snaw white pillow,
    Wi' her airms aboot her breast,
    "Wha' is that at my bedroom window,
    Disturbing me at my lang night's rest?"

5   "It's only me, your ain true lover;
    Open the door and let me in,
    For I hae come on a lang journey
    And I'm near drenched unto the skin."

6   She opened the door wi' the greatest pleasure,
    She opened the door and she let him in.
    They baith shook hands and embraced each other,
    Until the morning they lay as one.

7   The cocks were crawin', the birds were whistlin',
    The burns they ran free abune the brae:
    "Remember lass I'm a ploughman laddie
    And the fairmer I must obey.

8   "Noo ma love, I must go and leave you,
    Tae climb the hills, they are far above;
    But I will climb them wi' the greatest pleasure,
    Since I've been in the airms o' ma love."

THE JOLLY BEGGAR

1. There wis a jol- ly beg- gar man, and he wis dressed in green, And he wis seek- in' lod- gins in a hoose in Ai- ber- deen.

Ch *And I'll gang nae mair a-rovin',*
A-rovin' in the nicht.
I'll gang nae mair a-rovin',
Though the moon shine ne'er sae bricht.

2 This beggar widna lie in barn nor yet wid he in byre,
   Bit he wid lie in tae the ha' or by the kitchen fire.

3 This beggar he has made his bed wi' guid clean strae an' hay,
   An' in ahint the kitchen fire the jolly beggar lay.

4 Up rase the guidman's dochter, tae bar the kitchen door,
   An' there she spied the beggar man, stannin' nakit on the floor.

5 He's ta'en the lassie in his airms an' tae the bed he ran:
   "Oh hooly, hooly wi' me, sir; ye'll waken oor guidman."

6 The beggar was a cunnin' loon an' ne'er a word he spak
   Until he'd got his jobbie done, then he began tae crack.

7 "Hae ye ony dogs in till the hoose, or ony cats ava?
   For I'm feart they'll rive ma mealie pokes afore I gang awa'."

8 The lassie's ta'en his mealie pokes an' thrown them ower the wa'—
   "The deil gang wi' yer mealie pokes—ma maidenhead's awa'!"

9 He's pulled a horn frae aff his side and blawn baith loud an' shrill,
   An' five an' twenty belted knichts cam' ridin' ower the hill.

10 He's ta'en a pen knife frae his pooch, let a's auld duddies fa',
   An' he wis the brawest belted knicht that wis amang them a'.

11 "If ye hid been a decent lass, as I thocht ye tae be,
   I'd hae made ye the queen ower a' this hale country."

THE BONNIE SHIP "THE DIAMOND"

1. The Dia-mond is a ship, my lads, for the Dav-is Strait she's bound,
And the quay it is all gar-nish-ed with bon-nie lass-ies round.
Cap-tain Thom-son gives the or-der to sail the o-cean wide,
Where the sun it ne-ver sets, my lads, nor dark-ness dims the sky.
Ch. So it's cheer up, my lads, let your hearts ne-ver fail,
While the bon-nie ship, the Dia-mond, goes a-fish-ing for the whale.

2 Along the quay at Peterhead the lassies stand around,
Wi' their shawls all pulled about them and the saut tears rinnin' doon.
Don't you weep, my bonnie lass, though you be left behind,
For the rose will grow on Greenland's ice before we change our mind.

3 Here's a health to *The Resolution*, likewise *The Eliza Swan*,
Here's a health to *The Battler of Montrose* and *The Diamond*, ship of fame.
We wear the trousers of the white and the jackets o' the blue,
When we return to Peterhead we'll hae sweethearts enoo.

4 It'll be bricht both day and nicht when the Greenland lads come hame,
Wi' a ship that's fu' o' oil, my lads, and money to our name;
We'll make the cradles for to rock and the blankets for to tear,
And every lass in Peterhead sing "Hushabye, my dear."

SONG OF THE FISH-GUTTERS

1. Come, a' ye fish- er lass- ies, aye, it's come a- wa' wi' me,
Fae Cai- rn- bulg and Gam- rie and fae In- ver- al- lo- chie,
Fae Buc- kie and fae A- ber- deen and a' the coun- try roon,
We're a- wa' tae gut the her- rin', we're a- wa' tae Yar- mouth toon.

2   Rise up in the morning wi' your bundles in your hand,
Be at the station early or you'll surely hae to stand,
Tak' plenty to eat and a kettle for your tea,
Or you'll mebbe die of hunger on the way to Yarmouth quay.

3   The journey it's a lang ane and it tak's a day or twa,
And when you reach your lodgin's sure it's soond asleep you fa',
But ye rise at five wi' the sleep still in your e'e,
You're awa' tae find the gutting yards along the Yarmouth quay.

4   It's early in the morning and it's late into the nicht,
Your hands a' cut and chappit and they look an unco' sicht,
And you greet like a wean when you put them in the bree,
And you wish you were a thoosand mile awa' frae Yarmouth quay.

5   There's coopers there and curers there and buyers, canny chiels,
And lassies at the pickling and others at the creels,
And you'll wish the fish had been a' left in the sea
By the time you finish guttin' herrin' on the Yarmouth quay.

6   We've gutted fish in Lerwick and in Stornoway and Shields,
Warked along the Humber 'mongst the barrels and the creels;
Whitby, Grimsby, we've traivelled up and doon,
But the place to see the herrin' is the quay at Yarmouth toon.

THE GREAT SILKIE OF SULE SKERRY

1. In Nor- way land there lived a maid,

"Hush, ba, loo lil- lie" this maid be- gan,

"I know not where my ba- by's fa- ther is,

Or by land or sea does he tra- vel in."

2   It happened on a certain day,
    When this fair lady fell fast asleep,
    That in cam' a good grey silkie,
    And set him down at her bed feet.

3   Saying "Awak', awak' my pretty fair maid,
    For oh, how sound as thou dost sleep,
    An' I'll tell thee where thy babe's father is,
    He's sittin' close at thy bed feet."

4   "I pray come tell to me thy name,
    Oh, tell me where does thy dwelling be?"
    "My name is good Hill Marliner,
    And I earn my livin' oot o' the sea.

5   "I am a man upon the land,
    I am a silkie in the sea,
    An' when I'm far from every strand,
    My dwelling it is Sule Skerry."

6   "Alas, alas this woeful fate,
    This weary fate that's been laid on me,
    That a man should come from the Wast o' Hoy,
    To the Norway lands to have a bairn with me."

7   "My dear I'll wed thee with a ring,
    With a ring, my dear, will I wed wi' thee."
    "Thoo may go to thee weddings wi' whom thoo wilt,
    For I'm sure thoo will never wed wi' me."

8   "Thoo will nurse my little wee son
     For seven long years upon thy knee;
     An' at the end o' seven long years
     I'll come back and pay the nurse's fee."

9   She's nursed her little wee son
     For seven long years upon her knee;
     An' at the end o' seven long years
     He came back wi' gold and white monie.

10   He says "My dear, I'll wed thee wi' a ring,
     Wi' a ring, my dear, I'll wed wi' thee."
     "Thoo may go to thee weddings wi' whom thoo wilt
     For I'm sure thoo never will wed wi' me."

11   "But I'll put a gold chain around his neck,
     An' a gey good gold chain it'll be,
     That if ever he comes to the Norway lands,
     Thoo may hae a gey good guess on he.

12   "An' thoo will get a gunner good,
     An' a gey good gunner it will be,
     An' he'll gae out on a May morning
     An' shoot your son an' the grey silkie."

13   Oh, she has got a gunner good,
     An' a gey good gunner it was he.
     An' he gaed oot on a May morning
     An' he shot the son an' the grey silkie.

14   "Alas, alas, this woeful fate,
     This weary fate that's been laid on me."
     An' aince or twice she sobbed and sighed,
     An' her tender heart did brak in three.

THE IRON HORSE

1. Come Hie-land-men, come Low-land-men, come ev'ry man on earth, man,
And I'll tell you how I got on a-tween Dun-dee and Perth, man.
I gaed up-on an i-ron road—a rail they did it ca', man—
An' rug-git by an i-ron horse, an aw-fu' beast to draw, man.

2   Then first and foremost, near the door, there was a wee bit wicket,
It was there they gar'd me pay my ride, and they gied me a ticket.
I gaed awa' up through the hoose, sat doon upon a kist, man,
Tae tak' a look on a' I saw on the great big iron beast, man.

3   There was hooses in a lang straucht raw, a' stannin' upon wheels, man.
And then the chiels that fed the horse were as black's a pair o' deils, man;
And the ne'er a thing they gied the brute but only coals tae eat, man—
He was the queerest beast that e'er I saw, for he had wheels for feet, man.

4   A chap cam' up an' roon his cap he wore a yellow band, man,
He bade me gang an' tak' my seat; says I, "I'd raither stand, man."
He speired if I was gaun tae Perth; says I, "And that I be, man;
But I'm weel enough just whaur I am, because I want tae see, man."

5   He said I was the greatest fule that e'er he saw on earth, man,
For 'twas just the hooses on the wheels that gaed frae this tae Perth, man.
And then he laughed and wondered hoo I hadna mair discernment;
Says I, "The ne'er a ken kent I; I thocht the hale concern went."

6   The beast it roared and aff we gaed, through water, earth and stanes, man;
We ran at sic a fearfu' rate, I thocht we'd brak oor banes, man,
Till by and by we stoppit at a place ca'd something Gowrie,
But ne'er a word had I tae say, but only sit and glower aye.

7   Then after that we made a halt, and in comes Yellow Band, man;
He asked for the ticket, and I a' my pooches fand, man.
But ne'er a ticket I could get—I'd tint it on the road, man—
So he gar'd me pay for't ower again, or else gang aff to quod, man.

8 Then after that we crossed the Tay, and landit into Perth, man;
I vow it was the queerest place that e'er I saw on earth, man;
For the houses and the iron horse were far aboon the land, man,
And hoo they got them up the stairs I canna understand, man.

9 But noo I'm safely landit, and my feet are on the sod, man,
When I gang tae Dundee again I'll tak' anither road, man;
Though I should tramp upon my feet till I'm no fit tae stand, man,
Catch me again when I'm ta'en in wi' a chap in a yellow band, man.

BONNIE UDNY

1. Oh Ud-ny, bon-nie Ud-ny, ye shine faur ye stand,
The mair I look on ye, the mair my hert yearns;
Though I'm East or I'm West, where-'er I may be,
O' a' the lands o' Scot-land, bon-nie Ud- ny for me.

2 Oh, it's ye'll pu' the reid rose, and I'll pu' the thyme,
For ye'll drink tae your love, and I'll drink tae mine;
For my mind will not alter, nor go to and fro,
But I'll be kind-herted tae the lassie I lo'e.

3 Noo it's time tae drink up, boys, it is time tae gyang hame,
For tae bide here ony langer we'd get a bad name.
And tae get a bad name, boys, that never wad dee,
And the lang walks o' Udny are a' tae gae through.

(Repeat first verse)

FAREWEEL TAE TARWATHIE

1. Fare-weel tae Tar-wath- ie, a-dieu Mor-.mond Hill,
And the dear land o' Cri-mond ·I bid ye fare-weel.
I'm bound out for Green-land and rea-dy to sail,
In hopes to find rich-' es in hunt-ing the whale.

2 Adieu to my comrades, for a while we must pairt,
 And likewise the dear lass wha fair won my hairt;
 The cold ice of Greenland my love will not chill,
 And the longer my absence, more loving she'll feel.

3 Our ship is weel rigged and shes ready to sail,
 Our crew they are anxious to fo llow the whale;
 Where the icebergs do float and' the stormy winds blaw,
 Where the land and the ocean is covered wi' snaw.

4 The cold coast of Greenland is barren and bare,
 No seed-time nor harvest is ever known there;
 And the birds here sing sweetly on mountain and dale,
 But there isna a birdie to sing to the whale.

5 There is no habitation for a man to live there,
 And the king of that country is the fierce Greenland bear;
 And there'll be no temptation to tarry lang there,
 Wi' our ship bumper full we will homeward repair.

THE BANKS OF NEWFOUNDLAND

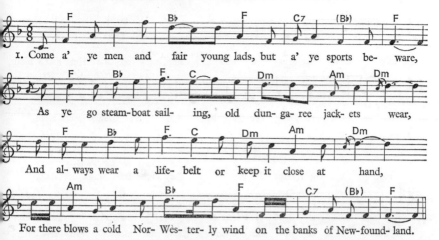

1. Come a' ye men and fair young lads, but a' ye sports be- ware,
As ye go steam-boat sail- ing, old dun- ga- ree jack- ets wear,
And al- ways wear a life- belt or keep it close at hand,
For there blows a cold Nor- Wes- ter- ly wind on the banks of New-found- land.

2 We had on board some passengers, big Swedies and some more.
'Twas in the year of nineteen six that we did suffer sore;
We pawned our clothes in Liverpool, we pawned them every hand,
Never thinking of the Nor-Westerly winds on the Banks of Newfound-
land.

3 We had on board a fair young maid, Bridget Wellford was her name,
To her I'd promised marriage, on me she had a claim;
She tore her flannel petticoats to make mittens for my hands,
For she could not see her true love perish on the Banks of Newfoundland.

4 Last night as I lay on my bunk I dreamt a pleasant dream;
I dreamt I was back in Scotland beside a flowing stream.
The girl I loved sat on my knee and a bottle in my hand,
But I woke up broken hearted on the Banks of Newfoundland.

5 And now we're off for Sandy Bay with its high hill covered in snow,
For our steam-boat she's so hell-of-a-fast, by New York we will go.
We'll rub her up and scrub her down with holy stone and sand,
And we'll bid adieu to the Virgin Rocks and the Banks of Newfoundland.

THE MOSS O' BURRELDALE

1. Hiv ye i-ver seen a tink-ler's camp, up-on a sim-mer's nicht,
On the nicht a-fore the mar-ket, fan a' things gaun richt,
Fan a' the tramps an' haw-kers they come fae hill an' dale,
Tae gaith-er in the gloa-min' on the Moss o' Bur-rel-dale.

Ch. *Fan the ale wis on-ly tup-pence, an' a tan-ner bocht a gill,*
A be-som or a til-ly pan, or a shelt we aye could sell,
An' we a' for-got oor trou-bles ow-er a "for-ty" o' sma' ale
Fan we gaith-ered in the gloa-min' on the Moss o' Bur-rel-dale.

2   Jock Stewart, he wid hae a fecht, an' took his jeckit aff,
Bit Squeakin' Annie sattled him, we a' got sic a laugh.
She ran ower amang the tilly-pans, for a wee fite iron pail
An' skeppit him like a swarm o' bees on the Moss o' Burreldale.

3   Noo little Jamie Docherty, a horseman great wis he,
So he jumpit on a shaltie's back, some tricks tae lat us see.
Bit a callant shoved some prickly whins aneath the shaltie's tail.
Heidfirst he shot in a mossy pot on the Moss o' Burreldale.

4   By this time Stewart got the pail torn aff his achin' heid,
An' kickit up an awfu' soun' eneuch tae wauk the deid.

Bit Annie roared, "Come on, Macduff, tho' I should get the gaol!
Pit them up, ma mannie, ye're nae fit for Annie, the Rose o' Burreldale."

Bit Annie wis nae langer heard fan muckle Jock McQueen,
He startit tunin' up the pipes he bocht in Aiberdeen.
He blew sae hard, the skin wis thin, the bag began tae swell,
An' awa' flew Jock wi' the sheepskin pyok ower the Moss o' Burreldale.

The dogs they startit barkin', the cuddy roared "Hee-haw!"
The tramps and hawkers a' turned roun' an' sic a sicht they saw.
'Twis Docherty as black's Auld Nick, the bairns lat oot a yell.
We shoodered oor packs an' a' made tracks fae the Moss o' Burreldale.

Bit noo the spring cairt's oot o' date, the shaltie it's ower slow.
The tramps and hawkers noo-a-days hae langer roads tae go.
We a' maun hae a motor-car if we wint oor goods tae sell.
Bit I'll ne'er forget the nichts we met on the Moss o' Burreldale.

JEANNIE McPHERSON

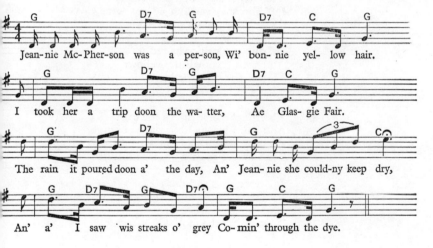

Jean-nie Mc-Pher-son was a per-son, Wi' bon-nie yel-low hair.

I took her a trip doon the wa-tter, Ae Glas-gie Fair.

The rain it poured doon a' the day, An' Jean-nie she could-ny keep dry,

An' a' I saw wis streaks o' grey Co-min' through the dye.

THE LEABOY'S LASSIE

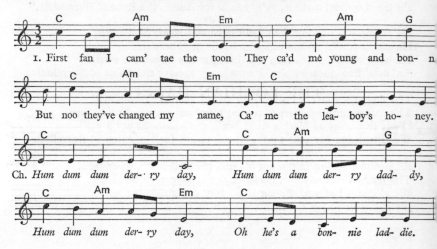

1. First fan I cam' tae the toon They ca'd mě young and bon- n
But noo they've changed my name, Ca' me the lea- boy's ho- ney.

Ch. Hum dum dum der- ry day, Hum dum dum der- ry dad- dy,
Hum dum dum der- ry day, Oh he's a bon- nie lad- die.

2   First fan I cam' tae the toon
    They ca'd me proud and saucy,
    But noo they've changed my name,
    Ca' me the leaboy's lassie.

3   I'll dye my petticoats red
    And face them wi' the yellow.
    I'll tell the dyster lads
    That the leaboy I will follow.

4   The black horse draws the cairt
    And the blue ane follows sae bonnie,
    And sae weel I like the lad
    That drives them on sae cannie.

5   It's over hills and dales
    And over dykes and ditches,
    And sae weel I like the lad
    That wears the moleskin breeches.

6   Feather beds are saft
    And painted rooms are bonnie,
    But I wad leave them a'
    And jog alang wi' Johnnie.

7   Oh my back's been sair
    Shearin' Craigie's corn.
    I winna see him the nicht,
    But I'll see him the morn.

8   Oh for Saturday nicht
       Fan I'll see my dearie.
       He'll come whistlin' in,
       Fan I am tired and weary.

THE LOTHIAN HAIRST

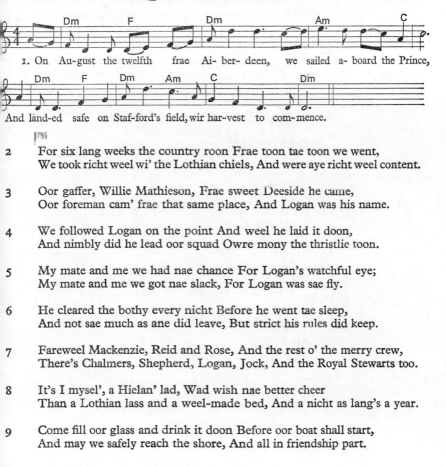

1. On August the twelfth frae Aiberdeen, we sailed aboard the Prince,
And landed safe on Stafford's field, wir harvest to commence.

2   For six lang weeks the country roon Frae toon tae toon we went,
      We took richt weel wi' the Lothian chiels, And were aye richt weel content.

3   Oor gaffer, Willie Mathieson, Frae sweet Deeside he came,
      Oor foreman cam' frae that same place, And Logan was his name.

4   We followed Logan on the point And weel he laid it doon,
      And nimbly did he lead oor squad Owre mony the thristlie toon.

5   My mate and me we had nae chance For Logan's watchful eye;
      My mate and me we got nae slack, For Logan was sae fly.

6   He cleared the bothy every nicht Before he went tae sleep,
      And not sae much as ane did leave, But strict his rules did keep.

7   Fareweel Mackenzie, Reid and Rose, And the rest o' the merry crew,
      There's Chalmers, Shepherd, Logan, Jock, And the Royal Stewarts too.

8   It's I mysel', a Hielan' lad, Wad wish nae better cheer
      Than a Lothian lass and a weel-made bed, And a nicht as lang's a year.

9   Come fill oor glass and drink it doon Before oor boat shall start,
      And may we safely reach the shore, And all in friendship part.

THE TROOPER AND THE MAID

1. A troo-per lad cam' here last nicht, Wi' ri-din' he was wea-ry

A troo-per lad cam' here last nicht, Fan the moon shone bricht an' clear-ly.

2 "Bonnie lassie, I'll lie near ye noo,
    Bonnie lassie, I'll lie near ye,
An' I'll gar a' your ribbons reel
    Or the mornin' ere I leave ye."

3 She's ta'en his heich horse by the heid,
    An' she's led him to the stable,
She's gi'en him corn an' hay till ate,
    As muckle as he was able.

4 She's ta'en the trooper by the han',
    An' she's led him to her chamber,
She's gi'en him breid an' wine to drink,
    An' the wine it was like amber.

5 She's made her bed baith lang an' wide,
    An' she's made it like a lady,
She's ta'en her wee coatie ower her heid,
    Says, "Trooper, are ye ready?"

6 He's ta'en aff his big top coat,
    Likewise his hat an' feather,
An' he's ta'en his broadsword fae his side,
    An' noo he's doon aside her.

7 They hadna' been but an oor in bed,
    An oor an' half a quarter,
Fan the drums cam' beatin' up the toon,
    An' ilka beat was faster.

8 It's "Up, up, up" an' oor curnel cries,
    It's "Up, up, up, an' away,"
It's "Up, up, up" an' oor curnel cries,
    "For the morn's oor battle day."

9 She's ta'en her wee cloakie ower her heid,
    An' she's followed him doon to Stirlin',
She's grown sae fu' an' she couldna boo,
    An' they left her in Dunfermline.

10   "Bonnie lassie, I maun leave ye noo,
       Bonnie lassie, I maun leave ye,
       An' oh, but it does grieve me sair
       That ever I lay sae near ye."

11   It's "Fan'll ye come back again,
       My ain dear trooper laddie,
       Fan'll ye come back again
       An' be your bairn's daddy?"

12   "O haud your tongue, my bonnie lass,
       Ne'er let this partin' grieve ye,
       When heather cowes grow ousen bows,
       Bonnie lassie, I'll come an' see ye."

13   Cheese an' breid for carles an' dames,
       Corn an' hay for horses,
       Cups o' tea for auld maids,
       An' bonnie lads for lasses.

BONNIE GLEN SHEE

1. Oh, do you see yon shep-herds, as they walk a- long,
Wi' their plai- dies pu'd a- boot them, and their sheep they graze on?
Ch. *Busk, busk, bon- nie las- sie and come a- long wi' me,*
An' I'll tak' ye tae Glen- is- la, near bon- nie Glen Shee.

Oh, do you see yon soldiers as they all march along,
Wi' their guns on their shoulders and their broadswords hanging down?

Oh, do you see yon high hills all covered wi' snow?
They hae parted mony a true love and they'll soon part us twa.

THE BREWER LAD

1. In Perth there lived a bon-nie lad, A brew-er tae his trade,
And he has cour-ted Peg-gie Roy, A' young and hand-some maid, oh.
Ch. Wi' a fal dal did-dle um a die dum doo,
Wi' a fal dal did-dle um a die doh.

2 He courted her for seiven lang years,
A' for to gain her favour;
But there cam' a lad oot o' Edinburgh toon,
Wha swore that he would have her.

3 "It's will ye gang alang wi' me,
And will ye be my honey;
It's will ye gang alang wi' me,
And leave your brewer laddie?"

4 "Oh, I will gang alang wi' you,
And alang wi' you I'll ride, oh;
I'll gang wi' you to the ends o' the earth,
Tho' I'm spoke to the brewer lad, oh."

5 The brewer he cam' hame at e'en,
A-speirin' for his honey;
Her faither he made this reply:
"She's no' been here since Monday."

6 Oh, wasna that an unco ploy,
Wouldna anyone been offended?
To court wi' a lad for seiven years
And leave him at the end o't.

7 "Oh, be it so and let her go,
For it shall never grieve me;
I'm a lad that's free, as you can see,
And a sma' thing will relieve me.

8   "There's as guid fish intae the sea,
     As ever yet was taken;
     I'll cast my net and try again,
     Although I am forsaken."

9   She's rambled up, she's rambled doon,
     She's rambled through Kirkcaldie,
     And mony's the time she's rued the day,
     She jilted her brewer laddie.

10   He's ta'en his course and away he's gane,
     The country he has fled, oh;
     And he's left nae sark upon her back,
     Nor blanket on her bed, oh.

11   The brewer lad set up in Perth,
     And there he brews strong ale, oh;
     And he has courted anither lass,
     And ta'en her tae himsel', oh.

12   Ye lovers a', where'er ye be,
     Just let this be a warning;
     And never slight your ain true love,
     For fear ye get a waur ane.

HIELAND RORY

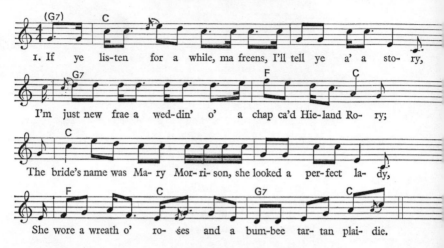

1. If ye lis-ten for a while, ma freens, I'll tell ye a' a sto-ry,
I'm just new frae a wed-din' o' a chap ca'd Hie-land Ro-ry;
The bride's name was Ma-ry Mor-ri-son, she looked a per-fect la-dy,
She wore a wreath o' ro-ses and a bum-bee tar-tan plai-die.

Ch *Then hurrah for the Hieland lads, long life tae Hieland Rory,*
We sang as the moon cam' oot an' hame by Tobermory.
When we pairted on the shore, we a' began a-reelin',
Annie Laurie took us doon an' bocht us Caller Herrin'.

2   Her father wore a Rob Roy kilt tae match his Rob Roy tile hat,
O' a' the airts the wind can blaw, a Man's a Man for a' that.
The best gudeman was Duncan Grey, the bridesmaid Maggie Lauder,
An' when the knot was tied the piper played "Blue Bonnets owre the
    Border."

3   Bonnie Mary o' Argyll she looked sae neat an' dandy,
"There's a wee drap in the bottle yet," roared oot Hieland Sandy.
Some says the deil's deid an' buried in Kirkcaldy,
Some says he'll rise again and dance the Hieland Laddie.

4   "Get up an' bar the door gudewife," roared Maggie Murphy's faither,
There's twa moons in the sky the nicht an' there's dew amang the heather.
But I got spoonin' wi' a little lass, they ca' her Hieland Mary,
She bides wi' Jock o' Hazeldean on the road tae Inveraray.
"Stop your ticklin' Jock," she cried, "your chin's as rough's the heather;
Ye can gang the high road an' I can gang the ither!"

5   The piper he got drunk, aye, before the dance was ready, oh,
We got a fiddler doon, aye, fae Robbie Tamson's smiddy, oh.
The tune he played as weel's I ken wis the Deil amang the Tailors;
There wis highs an' hoochs, an' hoochs an' highs, till we a' began a-reelin'.

THE HANDSOME CABIN BOY

1. It's of a rov- in' fair maid, as you will un- der- stand,
She had a mind for rov- in' in- tae some for- eign land.
Dressed in some sail- ors' cloth- ing, she bold- ly did ap- pear;
She en- ga- ged wi' the cap- tain tae serve him for a year.

2   She engaged wi' the captain, the cabin boy tae be,
The wind it bein' in favour and they soon pit oot tae sea.
The captain's lady bein' on board she seemed in great joy,
How glad the captain was o' his handsome cabin boy.

3   Sae nimbly as this pretty maid, she did her duty well,
And mark what follows after, the song itself will tell.
Wi' eatin' cabin biscuits her colour did destroy,
And the waist did swell o' pretty Nell, the handsome cabin boy.

4   When through the Bay o' Biscay the gallant ship did plough,
That nicht amang the sailors there rose a jolly row.
They tumbled fae their hammocks and it did their rest annoy,
And they swore aboot the groanin' o' their handsome cabin boy.

5   "Oh doctor, oh doctor," the cabin boy did cry,
The sailors swore by all that's good their cabin boy would die.
The doctor ran with all his might, still smiling at the fun,
Tae think a sailor lad would have a dochter or a son.

6   And when the joke they did find oot they a' began tae stare,
The child belonged tae nane o' them they solemnly did swear.
The lady tae the captain said: "My dear, I wish you joy,
It's either you or I betrayed the handsome cabin boy."

7   They a' took up a bumper and drunk success tae trade,
Likewise untae the sailor lad who was neither man nor maid.
But if the wars should rise again oor sailors tae employ,
We will ship some other sailors like the handsome cabin boy.

KILBOGIE

1. First when I cam' to Kil- bo- gie's toon,
Wi' my short coat an' my tar- tan plai- die,
First when I cam' my bon- nie love to see;
She lay in her bed till her break- fast was rea- dy.

2   When she got up an' put on her clothes,
        She said she had been on the hill wi' her daddy,
    But weel kent I by her milk-white hands
        She lay in her bed till her breakfast was ready.

3   When her breakfast was set doon,
        It was set doon an' it was made ready;
    Oot spoke her mother unto her,
        "Have ye any regard for a Highland laddie?"

4   "It's I wad gie you a' my silk goons,
        A' my silk goons an' my Glasgow plaidie,
    It's I wad leave them a' wi' you,
        An' gae far far awa' wi' my Highland laddie."

5   It's they went oot to tak' a walk,
        To tak' a walk till the dinner was ready;
    He's mounted her on his high horse back,
        An' she's far far awa' wi' her Highland laddie.

6   They rode on an' farther on,
        There was nothing there fittin' for a lady;
    There was nothing there for to lay her on
        But a wee puckle heather an' his Highland plaidie.

7   "In my father's ha' there's sheets an' blankets enew,
        They're a' sewed an' made ready,
    An' wouldn't they be richt angry to see
        Me lyin' here wi' a Highland laddie?"

8   "In the Highlands there's flocks an' sheep enew,
      They are very thick an' mony;
   It's ye'll get woo, an' ye can spin,
      An' mak' ye a blanket instead o' a plaidie."

9   "Flocks an' sheep they're good an' good enough,
      Corn stacks are muckle better;
   They will stand in drift an' snaw,
      When the sheep will die wi' the wind an' the weather."

10   "In the Highlands I've got fifty acres o' land,
      It's a' ploughed an' sown already;
   I am Ardonald o' a' the Isles,
      An' why should not Peggy be called my lady?

11   "In the Highlands, I've got fifteen milk cows,
      They're a' tied to the sta's already;
   I am Ardonald o' a' the Isles,
      An' why should not Peggy be called my lady?

12   "A coach an' six to me prepare."—
      A coach an' six they soon made ready;
   "A coach an' six to me prepare,
      An' we'll go once more an' see your daddy."

JOCK TAMSON'S TRIPE

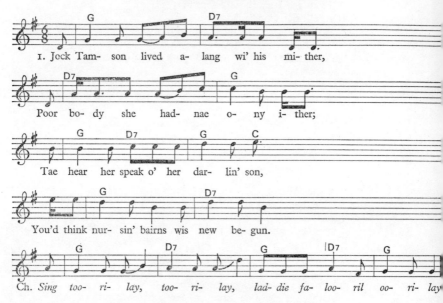

1. Jock Tam- son lived a- lang wi' his mi- ther,
Poor bo- dy she had- nae o- ny i- ther;
Tae hear her speak o' her dar- lin' son,
You'd think nur- sin' bairns wis new be- gun.
Ch. Sing too- ri- lay, too- ri- lay, lad- die fa- loo- ril oo- ri- lay

2   When Jock grew up he learned a trade,
He thocht he had big wages made,
Says he "I'll hae nae mair brose and butter,
But I'll hae tripe every nicht tae my supper."

3   Noo Jock awa' tae a weddin' had gaen,
So his mither she pit nae tripe in his can.
Says she "He'll nae be needin' his supper,
He'll be drinking something stranger nor watter."

4   Noo his mither she had some mutches tae wash,
Wi' lukewarm watter she gied them a splash,
Wi' soap an' wi' soda she steamed them white,
An' intae the can where Jock had his tripe.

5   Noo Jock cam' hame aboot een in the morn,
Wi' a wee bit barley bree in his horn.
Says he "I'll hae my supper I think,
For tripe's just the thing for settling the drink."

6   Jock fumbled awa' for the can in the dark,
For in the hale hoose there wisnae a spark.
At last on the can he got a good clutch,
And he in wi' his hand and he pulled oot a mutch.

7   Jock says "Goodness me, if this be tripe,
    It's as teuch as a gutta percha pipe."
    So he tore the border awa' fae the croon.
    Jock's thrapple bein' wide and the mutch gaed doon.

8   So Jock laid doon tae tak' a sleep,
    But wi' yon queer whams he had a heap.
    He thocht it wis his latter end,
    So he jumped oot ower the bed again.

9   His mither awa' for the doctor ran,
    For he gasped like a chokit swan,
    "Oh, mither, mither I'm surely deid,
    For there's something stuck here like a lump o' leid."

10 Fan the Doctor arrived he ordered a vomit,
    Tae clear a' the foul stuff that wis in Jock's stomach,
    And made a' the neighbours amazed tae be sure,
    Fan a clean bleached mutch gaed youck on the floor!

GUISE O' TOUGH

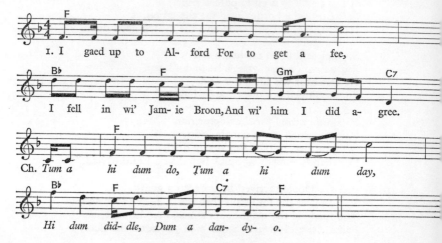

1. I gaed up to Al-ford For to get a fee,
I fell in wi' Jam-ie Broon, And wi' him I did a-gree.

Ch. Tum a hi dum do, Tum a hi dum day,
Hi dum did-dle, Dum a dan-dy- o.

2 I engaged wi' Jamie Broon,
   In the year o' ninety one,
   To gang hame and ca' his second pair
   And be his orra man.

3 When I gaed hame to Guise o' Tough,
   'Twas an evening clear,
   And oot aboot some orra hoose
   The gaffer did appear.

4 I'm the maister o' this place,
   And that's the mistress there;
   And ye'll get plenty cheese and breid,
   And plenty mair to spare.

5 I sat and ate at cheese and breid,
   Till they did roon me stare,
   And fegs I thocht that it was time
   To gang doon and see my pair.

6 I gaed to the stable
   My pairie for to view,
   And fegs they were a dandy pair,
   A chestnut and a blue.

7 On the followin' mornin'
   I gaed to the ploo,
   But lang lang or lowsin' time
   My pairie gart me rue.

8   My ploo she wisna workin' weel,
      She widna throw the fur,
      The gaffer says "There's a better ane
      At the smiddy to gang for."

9   When I got hame the new ploo
      She pleased me unco weel,
      But I thocht she wid be better
      Gin she hid a cuttin' wheel.

10   We hae a little bailie
      And Jamieson's his name;
      And he's gane doon tae Alford
      And raised an awfu' fame.

11   He's gane doon to Charlie Watt
      For to get a dram;
      But lang lang or I was deen
      The laddie couldna stan'.

12   We hae a gallant kitchie lass
      An' Simpson is her name;
      And for to tell her pedigree
      I really wad think shame.

13   She dresses up on Sunday
      Wi' a heid abeen the level,
      Wi' twa raws o' ivory
      Wad scare the very devil.

14   Noo my sang is ended
      And I won't sing any more;
      And if you be offended
      Ye can walk ootside the door.

TRAMPS AN' HAWKERS

1. Oh, come a' ye tramps an' hawk- ers an' gaith- er- ers o' bla',
That tramps the coun- trie roon' an' roon', come list- en ane and a'.
I'll tell tae you a rov- in' tale and sights that I have seen,
Far up in- to the snow- y North and South by Gret- nà Green.

2 I have seen the high Ben Nevis a-towerin' to the moon,
I've been by Crieff and Callander an' roon' by bonnie Doune,
And by the Nethy's silv'ry tides an' places ill tae ken
Far up into the snowy North lies Urquhart's bonnie glen.

3 Aftimes I've lauched into mysel' when I'm trudgin' on the road,
Wi' a bag o' bla' upon my back, my face as broon's a toad,
Wi' lumps o' cakes an' tattie scones an' cheese an' braxy ham,
Nae thinkin' whaur I'm comin' fae nor whaur I'm gaun tae gang.

4 I'm happy in the summer time beneath the bricht blue sky,
Nae thinkin' in the mornin' at nicht whaur I've tae lie.
Barns or byres or anywhere or oot among the hay,
And if the weather does permit I'm happy every day.

5 Oh Loch Katrine and Loch Lomon' have a' been seen by me,
The Dee, the Don, the Deveron that hurries into the sea,
Dunrobin Castle, by the way, I nearly had forgot,
An' aye the rickles o' cairn marks the Hoose o' John o' Groat.

6 I'm often roon' by Gallowa' or doon aboot Stranraer,
Ma business leads me anywhere, sure I travel near an' far.
I've got a rovin notion there's nothing what I loss,
An' a' my day's my daily fare and what'll pey my doss.

7 I think I'll go tae Paddy's land, I'm makin' up my min',
For Scotland's greatly altered now, sure I canna raise the win'.
But I will trust in Providence, if Providence will prove true
An' I will sing of Erin's Isle when I come back to you.

A HERO BOLD

But John Barleycorn was a hero bold,
And of noble enterprise;
And if you do but taste his blood
It'll mak' your courage rise.

JOHN BARLEYCORN

CAPTAIN WARD

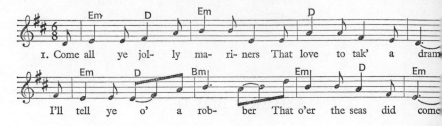

1. Come all ye jol- ly ma- ri- ners That love to tak' a dram

I'll tell ye o' a rob- ber That o'er the seas did come

2   He wrote a letter to his king
    On the eleventh o' July,
  To see if he wad accept o' him
    For his jovial company.

3   "Oh na, oh na," says the king,
    "Such things they canna be,
  They tell me ye are a robber,
    A robber on the sea."

4   He has built a bonnie ship,
    An' sent her to the sea,
  Wi' fower an' twenty mariners
    To guard his bonnie ship wi'.

5   They sailed up an' they sailed doon,
    Sae stately, blythe, an' free,
  Till they spied the king's high Reindeer
    Like a leviathan on the sea.

6   "Why lie ye here, ye tinker,
    Ye silly coordly thief?
  Why lie ye here, ye tinker,
    An' hold oor king in grief?"

7   They fought from one in the morning
    Till it was six at night,
  Until the king's high Reindeer
    Was forced to tak' her flight.

8   "Gang hame, gang hame, ye tinkers.
    Tell ye your king fae me,
  Though he reign king upon good dry land,
    I will reign king upon the sea."

"THE BALENA"

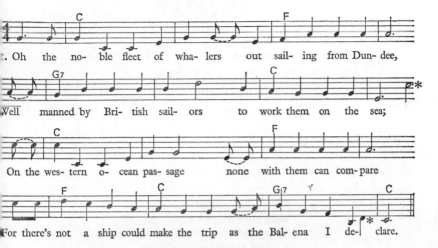

. Oh the no- ble fleet of wha- lers out sail- ing from Dun- dee,

Well manned by Bri- tish sail- ors to work them on the sea;

On the wes- tern o- cean pas- sage none with them can com- pare

For there's not a ship could make the trip as the Bal- ena I de- clare.

Ch. *And the wind is on her quarter and her engine working free,*
And there's not another whaler a-sailing from Dundee
Can beat the aul' Balena and you needna try her on,
For we challenge all both large and small from Dundee to St. Johns.

And it happened on a Thursday four days after we left Dundee,
Was carried off the quarter boats all in a raging sea,
That took away our bulwark, our stanchions and our rails,
And left the whole concern, boys, a-floating in the gales.

There's the new built *Terra Nova*, she's a model with no doubt,
There's the *Arctic* and the *Aurora*, you've heard so much about,
There's Jacklin's model mail-boat, the terror of the sea
Couldn't beat the aul' *Balena*, boys, on a passage from Dundee.

Bold Jacklin carries canvas and fairly raises steam
And Captain Guy's a daring boy, goes ploughing through the stream,
But Mallan says the *Eskimo* could beat the bloomin' lot,
But to beat the aul' *Balena*, boys, they'd find it rather hot.

And now that we have landed, boys, where the rum is mighty cheap,
We'll drink success to Captain Burnett, lads, for gettin' us ower the deep,
And a health to all our sweethearts, an' to our wives so fair,
Not another ship could make that trip but the *Balena* I declare.

THE FORFAR SODGER

1. In For- far I wis born an' bred, Bit faith I div think shame, sir,

Tae tell the wea- ry life I led, A- fore I left ma hame, sir.

Ch. *Hur- rah! Hur- rah! Ma twit- tie fal air al aye doh.*

2. Ma faither wis a weaver poor
Wha ever filled a spool, sir,
There never wis beef cam' tae the door
Bit just a pun' at Yule, sir.

3. Fin I wis sax I gaed tae skweel
Because it wis the fashion,
An' ilkae Sunday tae the kirk
Tae save me o' a thrashin'.

4. They learnt me tae read an' write
An' coont the rule o' three, sir,
But a nobler thocht cam' intae ma heid
An' a sodger I wid be, sir.

5. Sae I gaed doon tae Forfar toon,
'Twas in the Forfar coonty;
An' I listed there wi' Sergeant Broon
For forty poun's o' bounty.

6. They gied me claes tae hap ma back
An' mittens tae ma han's, sir,
An' swore I wis the brawest chiel
In a' the Hielan' clans, sir.

7. We spent the maist o' a' oor time
Jist marchin' up an' doon, sir,
Wi' a feathered bonnet on ma heid
An' poothered tae the croon, sir.

8. Bit fegs they gart me change ma tune
An' sent me aff tae Spain, sir,
Whaur forty regiments in a row
Cam' marchin' ower the plains, sir.

9   For three lang days and nichts we focht,
    I thought t'wid nivir end, sir,
    Syne a bullet cam' fusslin thro' ma leg,
    So I up and fired again, sir.

10   The doctor cam' an' dresst ma wounds
    An' swore I wid be lame, sir,
    But I got a haud o' twa oxter staffs
    An' I cam' hirplin' hame, sir.

11   Noo a' the troubles I've been thro'
    I scarcely need tae mention,
    For noo I'm back in Forfarshire,
    An' livin' aff ma pension.

FA' WID BE A BOBBY?

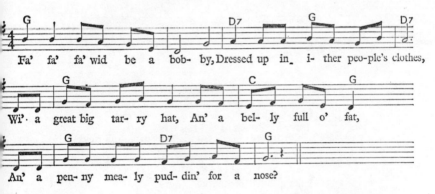

Fa' fa' fa' wid be a bob-by, Dressed up in i-ther peo-ple's clothes,
Wi' a great big tar-ry hat, An' a bel-ly full o' fat,
An' a pen-ny mea-ly pud-din' for a nose?

PRINCE CHARLIE

1. When Char-lie first cam' tae the North
With the man-ly look o' a High-land lad-die,
He turned eve-ry true Scot tae him-sel'
Tae view the lad an' his tar-tan plai-die.

Ch. Love fare-weel, friends fare-weel, Tae guard my King I bid a' fare-weel.

2 When King Geordie heard o' this,
That he had gaen North tae win for his daddy,
He sent John Cope up tae the North
Tae catch the lad an' his tartan plaidie.

3 When Cope cam' tae Inverness,
They told him he was South already.
Like a lion bold he conquered all
Wi' every shake o' his tartan plaidie.

4 When they cam' tae Aberdeen,
The English fleet was lying ready
Tae carry them ower tae Edinburgh toon,
Tae catch the lad and his tartan plaidie.

5 On Prestonpans he formed his clans,
He neither regarded son nor daddy;
Like the wind o' the sky he made them tae fly,
Wi' every shake o' his tartan plaidie.

6 The Duke of Perth was on his right,
The bold Munroe and the brave Glengarry,
From the Isle of Skye the brave Lochiel,
McLarens bold and the brave MacReady.

7   A painted room and a silken bed
Would scarcely please a wee German lairdie,
But a far better Prince than ever he was
Laid amang the heather on his tartan plaidie.

PLOOMAN LADDIES

1. Doon yon- der den there's a ploo- man lad
An' some sim- mer's day he'll be a' my ain.
Ch. An' sing lad- die- o, an' sing lad- die- aye,
The ploo- man lad- dies are a' the go.

2   I love his teeth an' I love his skin—
I love the verra cairt he hurls in.

3   Doon yonder den I coulda gotten a merchant,
Bit a' his stuff wisna worth a groat.

4   Doon yonder den I coulda gotten a miller,
Bit the smell o' dust widda deen me ill.

5   It's ilka time I gyang tae the stack,
I hear his wheep gie the ither crack.

6   I see him comin' fae yonder toon,
Wi' a' his ribbons hingin' roon an' roon.

7   An' noo she's gotten her plooman lad,
As bare as ever he left the ploo.

THE STOUTEST MAN IN THE FORTY TWA

1. Be- hold I am a sol- dier bold,
and on- ly twen- ty five years old,
A bra- ver war- ri- 'or ne- ver was seen
fae In- ver- ness tae Gret- na Green.
When I was young my fa- ther said
he wid pit me tae a de- cent trade,
But I did- nae like that job a- ta',
so I went and joined the For- ty Twa.

*This note sung in the Chorus only.

Ch. *The wind may bla', the cock may cra',*
The rain may rain, and the sna' may sna',
But ye winna frichten Jock McGraw,
He's the stoutest man in the Forty Twa.

2 The sergeant when he 'listed me, he winked his e'e and then says he,
"A man like you so stout and tall can ne'er be killed by a cannon ball."
The captain then when he cam' roon, he looked me up and he looked me
doon,
Then turning tae the sergeant said, "Awa' ye scamp, ye've 'listed the
bleachfield oot on tramp!"

3   At oor last fecht across the sea, the general he sends efter me.
    Fan I gaed there and my big gun, of course the battle it was won.
    The enemy a' ran awa', they were feart at the legs o' Jock McGraw.
    A man like me so tall and neat, ye ken yersel' he could niver be beat.

4   The King then held a grand review, we numbered a thoosand and sixty-
        two;
    The kiltie lads cam' marchin' past and Jock McGraw cam' marchin' last.
    The royal pairty grabbed their sticks an' a' began tae stretch their necks,
    Cries the King tae the Colonel, "Upon my soul, I took that man for a
        telegraph pole."

MY BRITHER BILL

My brith- er Bill's a fire- man bold; he pits oot fires.
He's on- ly twen- ty five years old; he pits oot fires.

He went tae a fire the oth- er night,

when some-bod- y shout- ed, "Dy- na- mite!"

Wher- ev- er he is he'll be all right; he pits oot fires.

HARLAW

1. As 'I cam' by the Ga-rioch land And doon by Ne-ther-ha',
There were fif-ty thoo-sand Hie-lan-men A-mar-chin' tae Har-law.
Ch. Sing-in' di-dee-i-o, Sing fal la do, Sing di-dee-i-o-i-ay.

2 It's did ye come frae the Hielans, man
   Or did ye come a' the wey,
An' did ye see MacDonald an' his men
   As they marched frae Skye?

3 For I've come frae the Hielans, man,
   An' I've come a' the wey,
An' I saw MacDonald an' his men
   As they marched frae Skye.

4 It's wis ye near and near enough,
   Did ye their number see?
Come tell to me, John Hielanman,
   What might their number be?

5 For I was near and near enough
   An' I their number saw:
There were fifty thoosan Hielanmen
   A-marchin' tae Harlaw.

6 For they went on an' furder on
   An' doon an' by Balquhain:
It's there they met Sir James the Rose,
   Wi' him Sir John the Graham.

7 "If that be's true," said Sir James the Rose,
   "We'll no come muckle speed.
We'll call upon oor merry men
   An' we'll turn oor horses' heids."

8 "Oh nay, oh nay," said Sir John the Graham,
   "Sic things we maunna dee:
For the gallant Grahams were never bate
   An' we'll try fit they can dee."

9   For they went on an' furder on
       An' doon an' by Harlaw:
    They fell full close on ilka side,
       Sic strikes ye never saw.

10 They fell full close on ilka side,
       Sic strikes ye never saw,
    For ilka sword gied clash for clash
       At the battle o' Harlaw.

11 But the Hielanmen wi' their lang swords
       They laid on us fu' sair;
    They drove back oor merry men
       Three acres breadth an' mair.

12 Lord Forbes tae his brither did say
       "O brither, dinna ye see?
    They beat us back on every side,
       An' we'll be forced to flee."

13 "O nay, O nay, my brither dear,
       O nay, that maunna be.
    Ye'll tak' your guid sword in your hand
       An' ye'll gang in wi' me."

14 For the twa brothers brave
       Gaed in amangst the thrang;
    They struck doon the Hielanmen
       Wi' swords baith sharp an' lang.

15 The first strike Lord Forbes gied
       The brave MacDonald reeled;
    The second strike Lord Forbes gied
       The brave MacDonald fell.

16 What a cry amongst the Hielanmen
       When they seed their leader fa';
    They lifted him an' buried him
       A lang mile frae Harlaw.

17 Gin onybody speir at you
       For them that cam' awa',
    Ye can tell them plain an' verra plain
       They're sleepin' at Harlaw.

THE SOLDIER MAID

1. When I was a fair maid, at the age of sweet six-teen,
From my pa-rents I did run a-way a sol-dier to be-come;
I en-lis-ted in the ar-my a sol-dier for to be,
And they lear-nt me to play up-on the rub-a-dub-a-dee.

Ch. *With my nice cap and fea-thers, if you could have on-ly seen,*
You'd have sworn that in your ve-ry heart a young man I had been;
With my gen-tle waist so slen-der and my fin-gers long and small,
I could rat-tle up the rub-a-dub-a-dee the best a-mong them al.

2   Oh, many is the prank that I played upon the field,
And many was the young man his love to me revealed;
Many a prank have I seen among the French,
And so boldly as I fought, tho' only a wench.

3   With my regiment at the front all my time I might have been,
With the brave Duke of York at the siege of Valenciennes;
But was favoured by my officer for fear I should be slain,
I was sent home to England for recruiting back again.

4   Many a night in the guard-room I have lain,
I never was afraid to lie down with the men;

At the pulling off my breeches I oft-times gave a smile,
To think I lay with a regiment, and a maiden all the while.

5   That might never have been known until this very hour,
But they sent me up to London to keep sentry o'er the Tower;
A lady fell in love with me; I told her I was a maid;
She went to my officer, and the secret she betrayed.

6   My officer sent for me to see if that was true;
I told him that it was—what other could I do?
I told him it was, and he smiled to me and said—
"It's a pity for to lose such a drummer as you've made."

7   "But for your gallant conduct at the siege of Valenciennes,
A bounty shall you get my girl, a bounty from the King."
But should the war arise again, and the King in want of men,
I'll put on my regimentals and I'll fight for him again.

KATHARINE JAFFRAY

1. Loch-na-gar cam' frae the West In-to the low coun-trie,
An' he's coort-ed Kath'-rine Jaff-ray, An' stole her heart a-way.

2 Hame he cam', ane Amosdale,
 Cam' fae the North countrie,
 An' he has gained her father's heart,
 But an' her mother's tee.

3 A bridal day it then was set,
 An' the bridal day cam' on,
 An' who appeared among the guests
 But Lochnagar himsel'?

4 A glass was filled o' good red wine,
 Weel drunk between the twa:
 Said he, "I'll drink wi' you, bridegroom,
 An' syne boun me awa'.

5 "A few words wi' your bridesmaiden
 I hope you'll grant me then:
 I'm sure before her wedding day
 I would have gotten ten."

6 Out spoke then the first groomsman,
 An' an angry man was he,
 Says, "I will keep my bonnie bride
 Until the sun gae tee;

7 "Until the sun gae tee," he said,
 "Until the sun gae tee,
 An' deliver her ower to her bridegroom,
 Which is my duty to dee."

8 But he's ta'en her by the middle jimp,
 An' never stoppit to ca'.
 He's ta'en her by the milk-white han'
 An' led her through the ha'.

9 He leaned him ower his saiddle-bow,
 An' kissed her cheek an' chin,
 An' then he wissed them a' good nicht,
 An' hoised her on ahin'.

10   He drew a trumpet fae his breist,
      An' blew baith lood an' shrill;
      A hunner o' weel-airmed men
      Cam' Lochnagar until.

11   A hunner o' weel-airmed men,
      Wi' milk-white steeds an' grey,
      A hunner o' weel-airmed men
      Upon his wedding day.

12   Horsemen rode, an' bridesmen ran,
      An' ladies in full speed,
      But you wadna hae seen his yellow locks
      For the dust o' his horse's feet.

13   She turned in the saiddle-bow,
      Addressed her late bridegroom,
      Says, "The compliments I got fae you,
      I'll return them back again."

14   So Katharine Jaffray was mairriet at morn,
      An' she was mairriet at noon;
      She was twice mairriet in ae day,
      Ere she keest aff her goon.

HUGHIE THE GRAEME

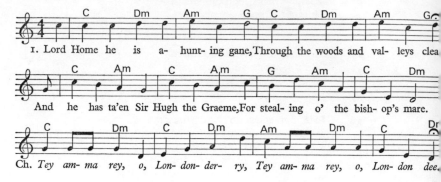

1. Lord Home he is a-hunt-ing gane, Through the woods and val-leys clear

And he has ta'en Sir Hugh the Graeme, For steal-ing o' the bish-op's mare.

Ch. Tey am-ma rey, o, Lon-don-der-ry, Tey am-ma rey, o, Lon-don dee.

2   They hae ta'en Sir Hugh the Graeme,
    Led him down thro' Strieveling town;
    Fifteen o' them cried a' at ance,
    "Sir Hugh the Graeme he must go down!"

3   They hae caus'd a court to sit,
    Mang a' their best nobilitie;
    Fifteen o' them cried a' at ance,
    "Sir Hugh the Graeme he now must die!"

4   Out it speaks the Lady Black,
    And o' her will she was right free:
    "A thousand pounds, my lord, I'll gie,
    If Hugh the Graeme set free to me."

5   "Hold your tongue, ye Lady Black,
    And ye let a' your pleadings be!
    Though he would gie me thousands ten,
    It's for my honour he must die."

6   Then out it speaks the Lady Bruce,
    And o' her will she was right free:
    "A hundred steeds, my lord, I'll gie,
    If ye'll gie Hugh the Graeme to me."

7   "Hold your tongue, ye Lady Bruce,
    And ye let a' your pleadings be!
    Though a' the Graemes were in this court,
    It's for my honour he must die."

8   He looked over his shoulder,
    It was to see what he could see,
    And there he saw his auld father,
    Weeping and wailing bitterlie.

9 "Hold your tongue, my old father,
   And ye'll let a' your mourning be!
   Though they bereave me o' my life,
   They canna haud the heavens frae me.

10 "Ye'll gie my brother John the sword
   That's pointed wi' the metal clear,
   And bid him come at eight o'clock,
   And see me pay the bishop's mare.

11 "And, brother Allan, take this sword
   That's pointed wi' the metal fine;
   Come up the morn at eight o'clock,
   And see the death o' Hugh the Graeme.

12 "Remember me to Maggy my wife,
   The neist time ye gang o'er the moor;
   Tell her, she staw the bishop's mare,
   Tell her, she was the bishop's whore.

13 "And ye may tell my kith and kin
   I never did disgrace their blood,
   And when they meet the bishop's cloak,
   To mak' it shorter by the hood."

JOHNNIE SANGSTER

1. O' a' the sea-sons o' the year, When we maun work the sair- est,
The har-vest is the on- ly time, And yet it is the rar- est.
We rise as seen as mor- nin' licht, Nae cra- ters can be bli- ther,
We buc- kle on oor fin- ger steels, And fol- low oot the scy- ther.
Ch. For you, John-nie, you John-nie, You, John-nie Sang-ster,
I'll trim the ga- vel o' my sheaf, For ye're the gal- lant band-ster.

2   A mornin' piece to line oor cheek, Afore that we gae forder,
      Wi' cloods o' blue tobacco reek We then set oot in order.
    The sheaves are risin' thick and fast, And Johnnie he maun bind them;
      The busy group, for fear they stick, Can scarcely look behind them.

3   I'll gie ye bands that winna slip, I'll pleat them weel and thraw them;
      I'm sure they winna tine the grip, Hooever weel ye draw them.
    I'll lay my leg oot owre the sheaf, And draw the band sae handy,
      Wi' ilka strae as straucht's a rash, And that'll be the dandy.

4   If e'er it chance to be my lot To get a gallant bandster,
      I'll gar him wear a gentle coat, And bring him gowd in handfu's.
    But Johnnie he can please himsel', I wadna wish him blinket;
      Sae, aifter he has brewed his ale, He can sit doon and drink it.

5   A dainty cowie in the byre, For butter and for cheeses;
      A grumphie feedin' in the sty Wad keep the hoose in greases.
    A bonnie ewie in the bucht Wad help to creesh the ladle;
      And we'll get tufts o' cannie woo Wad help to theek the cradle.

ERIN-GO-BRAGH

1. My name's Dun-can Camp-bell, from the shire of Ar- gyll,
I've trav-elled this coun-try for man- y a mile—
I've tra-velled thro' Eng- land and Scot- land and a',
And the name I go un- der's bold Erin- go- Bragh.

2 One night in Auld Reekie, as I walked down the street,
A saucy policeman by chance I did meet;
He glowered in my face and he gave me some jaw,
Saying "When came ye over, bold Erin-go-Bragh?"

3 "I am not a Paddy, though Ireland I've seen,
Nor am I a Paddy, though in Ireland I've been;
But though I were a Paddy, that's nothing ava,
There's many a bold hero from Erin-go-Bragh."

4 "I know you are a Pat by the cut of your hair,
But you all turn Scotchmen as soon's you come here;
You have left your own country for breaking the law,
We are seizing all stragglers from Erin-go-Bragh."

5 "Though I were a Paddy, and you knew it to be true,
Or were I the devil—pray, what's that to you?
Were it not for the baton you have in your paw,
I would show you a game played in Erin-go-Bragh."

6 Then a switch of blackthorn that I held in my fist,
Across his big body I made it to twist;
And the blood from his napper I quickly did draw,
And paid him stock and interest for Erin-go-Bragh.

7 The people came round like a flock of wild geese,
Crying, "Stop, stop the rascal, he has killed the police!"
And for every friend I had, I'm sure he had twa—
It was very tight times with bold Erin-go-Bragh.

8   But I came to a wee boat that sails on the Forth,
I picked up my all, and I steered for the North;
Farewell to Auld Reekie, policeman and a',
May the devil be with them, says Erin-go-Bragh.

9   Now, all you brave fellows that listen to my song,
I don't care a farthing to where you belong;
I come from Argyll, in the Highlands so braw,
But I ne'er take it ill when called Erin-go-Bragh.

THE WARK O' THE WEAVERS

1. We're a' met the-gi-ther here tae sit an' tae crack,
Wi' oor gless-es in oor hands an' oor wark up-on oor back;
For there's nae a trade a-mang them a' can ei-ther mend or mak',
Gin it was-na for the wark o' the wea-vers.

Ch. If it was-na for the wea-vers what wad they do?
They wad-na hae claith made oot o' oor woo';
They wad-na hae a coat, nei-ther black nor blue,
Gin it was-na for the wark o' the wea-vers.

2   There's some folk independent o' ither tradesmen's wark
For women need nae barber an' dykers need nae clerk;
But there's no ane o' them but needs a coat an' a sark,
Na, they canna want the wark o' the weavers.

3   There's smiths an' there's wrights and there's mason chiels an' a',
There's doctors an' there's meenisters an' them that live by law,
An' oor freens that bide oot ower the sea in Sooth America,
An' they a' need the wark o' the weavers.

4   Oor sodgers an' oor sailors, od, we mak' them a' bauld
For gin they hadna claes, faith, they couldna fecht for cauld;
The high an' low, the rich an' puir—a'body young an' auld,
They a' need the wark o' the weavers.

5   So the weavin' is a trade that never can fail
Sae lang's we need ae cloot tae haud anither hale,
Sae let us a' be merry ower a bicker o' guid ale,
An' drink tae the health o' the weavers.

THE KIELDER HUNT

1 Hark! Hark! I hear Lang Will's clear voice
sound through the Kiel-der Glen,
Where the ra-ven flaps her glos-sy wing
and the fell fox has his den.
There the shep-herds they are gath-er-ing up
wi' mon-ie a guid yauld grew,
An' wi-ry ter-ri-er game an' keen
an' fox-hound fleet and true.

Ch. *Hark a-way! hark a-way!*
O'er the bon-nie hills o' Kiel-der, hark a-way.

2   There's Moudy frae Emmethaugh an' Royal frae Bakethinn,
There's hounds frae Reed an' Kielderhead, an' Ruby by the Linn;
An' hounds of fame frae Irthingside, they try baith moss an' crag,
Hark! Hark! that's Moudy's loud clear note, he has bold Reynard's drag.

3   Away an' away o'er hill and dale an' up by yonder stell,
      The music o' the gallant pack resounds o'er muir and dell;
      See yon herd callant waves his plaid, list yon loud tally-ho,
      The fox is up an' breaks away o'er the edge o' Hawkhope Flowe.

4   Hark forrit! hark! ye gallant hounds, hark onwart, hark away.
      He kens the hauds on Tosson hills, he kens the holes at Rae;
      There's no a den roun' the Kail stane but he kens weel I trow,
      An' a' the holes on Lariston he kens them thro' and thro'.

5   There's Wanny's Crags an' Sewingshields, and Christenbury too,
      Or if he win to Hareshaw Linn ye may bid him adieu;
      The Key-Heugh an' the Cloven-Crags, the Cove, an' Darna ha',
      Chatlehope-Spout an' the Wily-holes, auld foxy kens them a'.

6   Away an' away o'er bank an' brae they drive the wily game,
      Where Moudy, Ruby, Royal still uphaud their glorious fame;
      An' see the lish yald shepherd lads how Monkside heights they climb,
      They're the pride o' a' the borders wide for wind and wiry limb.

7   Thro' yon wild glen they view him now right for the Yearning Linn,
      By cairn an' crag, o'er moss and hagg, sae glorious was the din;
      Weel dune, hurrah! they've run him doun, yon's Moudy twirls him now,
      The hunt is done, his brush is won, I hear the death halloo.

8   Then here's to Will o' Emmethaugh, for he's a sportsman true,
      Here's to Robie o' Bakethinn, an Rob o' Kielder too;
      At the Hopes, Bewshaugh, an' Kersie Cleuch, Skaup, Riggend, an' the
           Law,
      In Tyne, an' Reed, and Irvinghead, they're gallant sportsmen a'.

HERRIN'S HEIDS

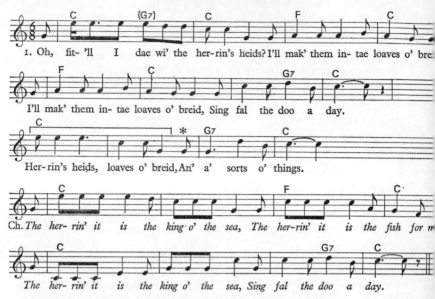

1. Oh, fit- 'll I dae wi' the her-rin's heids? I'll mak' them in- tae loaves o' bre

I'll mak' them in- tae loaves o' breid, Sing fal the doo a day.

Her- rin's heids, loaves o' breid, An' a' sorts o' things.

Ch. The her- rin' it is the king o' the sea, The her- rin' it is the fish for m

The her- rin' it is the king o' the sea, Sing fal the doo a day.

*Add the words of each new verse to those of all previous verses at this point.

2   Oh, fit'll I dae wi' the herrin's eyes?
I'll mak' them intae puddin's an' pies,
I'll mak' them intae puddin's an' pies,
Sing fal the doo a day.
Herrin's eyes, puddin's an' pies,
Herrin's heids, loaves o' breid,
An' a' sorts o' things.

3   Oh, fit'll I dae wi' the herrin's fins?
I'll mak' them intae needles an' pins.
Herrin's fins, needles an' pins, etc.

4   Oh, fit'll I dae wi' the herrin's back?
I'll mak' it a laddie an' christen him Jack.
Herrin's backs, laddies an' Jacks, etc.

5   Oh, fit'll I dae wi' the herrin's belly?
I'll mak' it a lassie and christen her Nellie.
Herrin's bellies, lassies an' Nellies, etc.

6   Oh, fit'll I dae wi' the herrin's tail?
I'll mak' it a ship wi' a beautiful sail.
Herrin's tails, ships an' sails,
Herrin's bellies, lassies an' Nellies,
Herrin's backs, laddies an' Jacks,
Herrin's fins, needles an' pins,

Herrin's eyes, puddin's an' pies,
Herrin's heids, loaves o' breid,
An' a' sorts o' things.

HOT ASPHALT

1. Oh, good morning til youse Glasgow boys, I'm glad to see youse well,
For I'm just as self conceited as any tongue can tell.
Oh, I've got a situation, or a-begob a fancy job,
I can whisper I've the weekly wage of eighteen bob.
It's a twelve-month now come Easter since I left Glenory town
A-long with my brother Barney for to mow the harvest down,
Ah, but now I wear a garnsey and around my waist a belt,
For I'm gaffer o'er the boys that makes the hot asphalt.

2   All the boys I have in under me outside and in the yard
    Have the nerve to turn round, say I work them rather hard,
    But if they rise my dander I give a murdrous shout,
    Sure you'll see these lazy shakrins how they stir the tar about.
        In come a bobby to me the other day, he says "Now, McGuire,
        You might let me light my dudyen at your boiler fire."

For he placed hissel in at the fire, his coat tails up sae neat,
"Oh," says I, "my decent fella, for you'ld better mind your beat."

3 Says he, "My lads, I'm down on you, I have your bloomin' marks;
Sure I take you for a lot o' Tipperary barks."
Man I drew out from my shoulder and I hit him such a welt,
For I knocked him in the boiler full of hot asphalt.
 We pulled him from the boiler and we placed him into a tub,
 Among soap and warm water it is there we did rub and scrub,
 Oh but devil the bit of the tar come off till it got as hard as a stone
 Wi' the rubbin' and the scrubbin' sure you could hear the poor bobby
  groan.
 Wi' the rubbin' and the scrubbin' sure he catched his death o' cold,
 For scientific purposes his body it was sold,
 Into the Kelvingrove Museum he's hangin' by the belt,
 An example to the boys that makes the hot asphalt.

THE BONNIE BUNCH OF ROSES

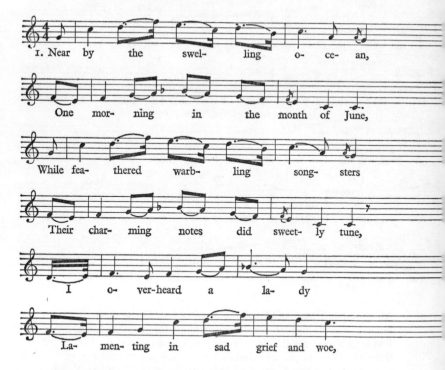

1. Near by the swel- ling o- ce- an,

One mor- ning in the month of June,

While fea- thered warb- ling song- sters

Their char- ming notes did sweet- ly tune,

I o- ver-heard a la- dy

La- men- ting in sad grief and woe,

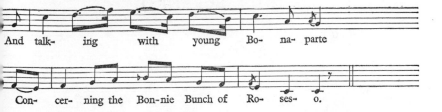

And talk- ing with young Bo- na- parte

Con- cer- ning the Bon-nie Bunch of Ro- ses- o.

Thus spake the young Napoleon, And grasped his mother by the hand,
"Oh, mother dear have patience, Till I am able to command.
I'll raise a numerous army, And through tremendous dangers go,
And in spite of all the universe, I'll gain the Bonnie Bunch of Roses-o."

"Oh, son speak not so venturesome, For England is the heart of oak;
Of England, Scotland, and Ireland, The unity can ne'er be broke.
And think you of your father, In the island where he now lies low,
He is not yet interred in France; So beware of the Bonnie Bunch of Roses-o.

"Your father raised great armies, And likewise kings did join the throng;
He was so well provided, Enough to sweep the world along;
But when he went to Moscow, He was overpowered by drifting snow;
And though Moscow was blazing He lost the Bonnie Bunch of Roses-o."

"Oh, mother, adieu for ever, I am now on my dying bed,
If I had lived I'd have been brave, But now I droop my youthful head.
And when our bones do moulder, And weeping willows o'er us grow,
Its deeds to bold Napoleon Will stain the Bonny Bunch of Roses-o."

KILLIECRANKIE

1. Whaur hae ye been sae braw, lad?
Whaur hae ye been sae bran- kie- o?
Whaur hae ye been sae braw lad?
Cam' ye by Kil- lie- cran- kie- o?
Ch. *An' ye had been whaur I hae been,*
Ye wad- na been sae can- tie- o;
An' ye had seen what I hae seen
On the braes o' Kil- lie- cran- kie- o.

2   I fought at land, I fought at sea,
     At hame I fought my auntie-o,
     But I met the devil and Dundee
     On the braes o' Killiecrankie-o.

3   The bauld Pitcur fell in a furr,
     And Clavers gat a clankie-o,
     Or I had fed an Athol gled
     On the braes o' Killiecrankie-o.

4   Oh fie, Mackay, what gart ye lie
     I' the bush ayont the brankie-o?

Ye'd better kiss'd King Willie's loof,
Than come to Killiecrankie-o.

FINAL CHORUS

It's nae shame, it's nae shame,
It's nae shame to shank ye-o;
There's sour slaes on Athol braes,
And deil's at Killiecrankie-o.

JOHN BARLEYCORN

1. There were three men cam' frae the west,
Three men both great and high;
And they hae sworn a solemn oath,
John Barleycorn should die.

Ch. Oh! Oh! John Barley, Oh! John Barleycorn.
It would break the heart of a dyin' man
Tae hear John Barley moan.

2   They ploughed him deep intae the ground,
Put sods upon his heid;
And they hae sworn a solemn oath
John Barleycorn was deid.

3   But gentle spring cam' kindly on
     And showers began tae fall;
     And John Barleycorn rose up again
     And sore surprised them all.

4   And sultry summer it soon cam',
     The sun it brightly shone;
     And John Barleycorn grew a lang, lang beard
     And so became a man.

5   So they took a scythe baith lang and sharp,
     Cut him below the knee;
     And they've tied him fast upon a cart
     Like a rogue for felony.

6   They roasted him owre the scorching flame
     Till the marrow run from his bones;
     But the miller he used him worse than that,
     Crushed him between two stones.

7   But John Barleycorn was a hero bold,
     And of noble enterprise;
     And if you do but taste his blood
     It'll mak' your courage rise.

8   Sae let us toast John Barleycorn
     Each man his glass in hand;
     And may his great prosperity
     Ne'er fail in all Scotland.

NOTES

In the Notes, the following names and abbreviations have been used to indicate the origin of the material:

Bronson, Bertrand	*Traditional Tunes of the Child Ballads*
Chapbook	magazine published by Aberdeen Folk Song Club
Child, Francis James	*The English and Scottish Popular Ballads*
Christie, Dean	*Traditional Ballad Airs*
Ford, Robert	*Vagabond Songs and Ballads*
FSNE	*Folk Song of the North East* by Gavin Greig
Greig Mss.	Gavin Greig manuscript collection in Aberdeen University Library
Hogg	*Jacobite Songs and Relics*
LL	*Last Leaves of Traditional Ballads and Ballad Airs*, collected by Gavin Greig, edited by Alexander Keith
Rymour	The Miscellanea of the Rymour Club
SMM	*Scots Musical Museum* (largely contributed to by Burns)
SS	*Scotland Sings*, edited by Ewan MacColl, published by the Workers Music Association
101	*101 Scottish Songs*, selected by Norman Buchan

The abbreviation 'm.a.' denotes minor amendments which do not affect basic text or tune.

We Never Had Such Taxes (p. 10) From the singing of Paddy Tornish of Glasgow, collected by P. Shepheard.

The Scranky Black Farmer (p. 11) One of several bothy ballads in this collection. The Buchan area of Aberdeenshire was and is probably the richest source area of traditional song in Britain, as the work of Peter Buchan in the last century or Gavin Greig in this testifies. The hired men on the farms had therefore a great tradition to draw upon. The communal circumstances of bothy life created the conditions in which fresh song would arise. Sometimes the songs described their daily life and work, sometimes they praised a pair of horses or a sweetheart. And sometimes they said what they really thought of some of their masters, as in this example. Rymour.

Three Nights and a Sunday (p. 12) By Matt McGinn.

The Means Test Man (p. 13) Glasgow street song.

The Deserter (p. 14) Greig Mss.

Jock Hawk (p. 16) Greig Mss., collated.

Ludgin' Wi' Big Aggie (p. 17) Traditional. This has the triple virtue of being solidly Clydeside, funny, and popular in the folksong revival as a useful parody against the worst excesses of the kail-yard 'ain-wee-hoosery'.

Bogie's Bonnie Belle (p. 18) Collated. Tune based on version in Greig Mss.

The Shira Dam (p. 19) By Helen Fullerton. Miss Fullerton ran the little mobile shop serving the construction workers on the Glen Shira hydro-electricity scheme. The tune is a variant

of 'The Corncrake among the Whinny Knowes', arranged by George McIntyre.

The Freedom Come-All-Ye (p. 20) By Hamish Henderson. In addition to his unequalled work as a collector in the School of Scottish Studies, Hamish Henderson has produced some of the finest songs in the contemporary revival. This song is a magnificent combination of a noble use of the Scots language with a contemporary theme.

The Donibristle Disaster (p. 21) The accident occurred on August 26th, 1901. From the singing of J. Ferguson of Markinch. The song also appears in *Come All Ye Bold Miners*, edited by A. L. Lloyd.

The Shuttle Rins (p. 22) From *Poems and Songs Chiefly for the Encouragement of the Working Classes* by Henry Syme, published in 1849.

Skyscraper Wean (p. 23) By Adam McNaughtan. A wry comment on one possible consequence of multi-storey building. Glasgow was a city of four-storey tenements with back courts. Even from the top floor it was possible to throw down a wrapped-up 'jeely piece' (a bread and jam sandwich) to the 'weans' (children) below.

Tattie Jock (p. 24) From the singing of Archie Webster of Strathkinness. A bothy ballad with a transportation theme, which has been published in broadsheet form. The song is also included in *Fife Songs and Ballads*, edited by P. Shepheard. (in preparation).

Tatties an' Herrin' (p. 26) Text from the singing of Jake Mitchell of Peterhead, tune from the singing of Isobel Baird of Boddam.

The Sailor's Life (p. 27) Based on version in *FSNE*, but shortened. Tune from Christie.

Lamkin (p. 28) Child 93. Text based on Jamieson's *Popular Ballads* (Child A), tune from Arthur Lochhead of Paisley (collected by George McIntyre).

When I Was Single (p. 30) Traditional.

Mains o' Culsh (p. 30) Based on version in Greig Mss. The 'Lamachree and Megrum' chorus can be found in a song of that name in Rymour.

Miner's Lullaby (p. 31) By Matt McGinn. The song has also appeared in the magazine *Folk Notes*.

My Donald (p. 32) By Owen Hand. The song has also appeared in the magazine *Folk Notes*.

Fisherman's Wife (p. 33) By Ewan MacColl. Written for his radio-documentary 'Singing the Fishing'. The song has also been published in the *MacColl/Seeger Songbook* (Oak Publications).

Oh Dear Me (p. 33) By Mary Brooksbank, a former jute mill worker, from her collection of poems entitled *Sidlaw Breezes*.

The Burning of Auchindoun (p. 36) Child 183. Tune: *SS*.

The Hole in Me Can (p. 37) From the singing of Robin Hutchison.

Jock Since Ever (p. 37) Traditional; additional verses by Enoch Kent.

The Ewie Wi' the Crookit Horn (p. 38) Text from the Rev. John Skinner, tune is traditional. The ewie is traditionally used to symbolize the illicit whisky still.

Skinny Malinky Lang Legs (p. 39) Traditional children's song.

The Maskin Rung (p. 40) *FSNE*, collated with the Greig Mss. The title refers to the pole with which the whisky malt was stirred. The song is a close cousin of the Child ballad 'The Broomfield Wager'.

Wha's Fu'? (p. 41) From the singing of Arthur Lochhead of Paisley. One of a number of 'upside-down' songs, in this case, although not always, associated with drink.

The Forester (p. 42) Child 110 ('The Knight and the Shepherd's Daughter'). From the singing of John Strachan of Fyvie.

Fisherrow (p. 43) Herd's Ms. Tune from *SMM*. From the not too distant past, the song details the public shame one had to undergo if guilty of 'sins of the flesh'.

Hame Drunk Cam' I (p. 44) Child 274 ('Our Goodman'). From the singing of Cameron Turriff of Fetterangus.

Such a Parcel of Rogues (p. 45) *SMM*. The rogues of the song are those of the Scottish Parliament who voted for the Act of Union with England.

Wha'll be King but Charlie? (p. 46) From *Lyric Gems*.

The Blackbird (p. 48) A Jacobite song about the Old Pretender, remembered more often nowadays in Ireland.

The Border Widow's Lament (p. 49) From *The Scottish Minstrel*, edited by R. A. Smith.

The Merchant's Son (p. 50) From the singing of Davie Stewart.

Fine Flowers in the Valley (p. 51) Child 20 ('The Cruel Mother'). Tune from *SMM*, amended.

The Banks o' Red Roses (p. 52) From the singing of Ruby Kelbie of Macduff.

A Peer Rovin' Lassie (p. 53) From the singing of Danny Vass of Aberdeen.

The Cruel Brither (p. 54) Child 11, version C, collated. Tune from Child appendix. A primitive ballad of brutal killing, incorporating the archetypal testament verses.

Where is the Glasgow? (p. 56) By Adam McNaughtan. A nostalgic tour through the Glasgow folk-lore of the immediate past, with a sharp cutting edge.

Tullochgorum (p. 57) From the Rev. John Skinner. Tune traditional.

Lassie Wi' the Yellow Coatie (p. 60) By James Duff. Also included in Ford.

Dainty Davie (p. 61) Herd's Ms. The story goes that when Mass (Rev.) Williamson was being pursued by the dragoons for his adherence to the Solemn League and Covenant he was hidden by Lady Cherrytrees in her daughter's bed. He escaped—but left the daughter pregnant. There is a bawdy version in *The Merry Muses*, which Hecht believes was written by Burns himself on the basis of the version given here.

The Magdalen Green (p. 62) From the singing of Jessie McDonald of Macduff. The word 'Magdalen' is pronounced 'maudlin' in the song, a good reminder that the folk memory is often the truer. An early Dundee Town Council record (1582) describes it as 'Maidlane Geir' ('geir' being a stretch of land). By 1591 it was spelled 'Magdalen' and the pronunciation later followed suit.

Eence Upon a Time (p. 63) Original version (verses 1, 5, 7) from singing of Jeannie Robertson. Additional verses by Ray Fisher.

Barbara Allan (p. 64) Child 84; Greig Mss. (Bronson: Child 84, No. 127). The first reference to this song goes as far back as Pepys diary ('the little Scotch song of Barbary Allen').

Mary Mack (p. 66) From the singing of Jake Mitchell of Peterhead. Strong music-hall connections.

I'll Lay Ye Doon, Love (p. 67) From the singing of Jeannie Robertson. Additional verses by Enoch Kent.

The Shepherd Laddie (p. 68) Child 112 ('The Baffled Knight'). *LL* collated with Greig Mss. Tune: *SMM* No. 477.

The Cuckoo's Nest (p. 69) From the singing of Jeannie Robertson. A fairly clear piece of erotic symbolism.

Bonnie Lass Come Ower the Burn (p. 70) From the singing of Jeannie Robertson and Enoch Kent.

The College Boy (p. 71) From the singing of Lizzie Higgins. Maidment's *North Countrie Garland* identifies the college boy of the song with the young Laird of Craigstoun. The Laird of Innes, having obtained the guardianship of the boy, married him to his daughter for the sake of acquiring his estate. There are numerous Scottish and Irish versions.

The Birken Tree (p. 72) From *Folk Notes* (m.a.)

I Ken Whaur I'm Gaun (p. 73) Traditional street song.

Bonnie Lass Amongst the Heather (p. 74) From the singing of George Wishart and his father, Robert. P. Shepheard, *Fife Songs and Ballads* (in preparation).

Mount and Go (p. 75) *FSNE* and Greig Mss.

The Kelty Clippie (p. 76) By John Watt. Tune: adaptation of 'Maggie Cockabendie'.

The Bonnie Fisher Lass (p. 78) *FSNE* (collated with oral versions).

The Band o' Shearers (p. 79) Traditional.

The Back o' Bennachie (p. 80) From the singing of Maggie McPhee.

Hishie Ba' (p. 81) From the singing of Jeannie Robertson.

The Bonnie Banks o' Airdrie (p. 82) Child 14 ('Babylon' or 'Bonnie Banks o' Fordie'). From the singing of Jessie McDonald of Macduff. Especially common in Scandinavian tradition.

Roseberry Lane (p. 83) From the singing of John McDonald (collected by Helen Fullerton)· Better known as 'Rosemary Lane'. This was a lane near Tower Bridge lined with street pedlar stalls. In its bawdier form, one of the best known of all erotic songs.

The Swan Swims Bonnie (p. 84) Child 10 ('The Twa Sisters'). Collated from various printed and oral sources. Tune from the singing of Belle Stewart of Alyth.

Yon High High Hill (p. 86) From the singing of George Davidson of Torry. Related to the 'seventeen come Sunday' songs.

Birnie Bouzle (p. 87) From the singing of Aggie Stewart of Banff. Folk version of a song by Hogg. See also *101*.

The Laird o' the Dainty Dounby (p. 88) From the singing of Lizzie Higgins (m.a.). Interesting comparison with the printed text in Herd.

Bonnie Ythanside (p. 89) From the singing of Daisie Chapman of Crovie.

The Bonnie Lass o' Fyvie (p. 90) From *101*.

The Spinner's Wedding (p. 92) From *Sidlaw Breezes*, a collection of poems by Mary Brooks-bank, a former jute mill worker.

I Wish, I Wish (p. 93) From the singing of Lizzie Mary Hutchison of Aberdeen. Short version of an almost archetypal song.

Lassie Lie Near Me (p. 94) *SMM* No. 218 (old words). Additional verses by Peter Hall.

I'm a Rover (p. 96) From the singing of James Grant of Aberdour.

The Jolly Beggar (p. 97) From the singing of Willie Robertson of Aberdeen.

The Bonnie Ship "The Diamond" (p. 98) From the singing of T. Cowdray (collected by A. L. Lloyd).

Song of the Fish-Gutters (p. 99) By Ewan MacColl from the radio documentary 'Singing the Fishing'.

The Great Silkie of Sule Skerry (p. 100) Child 113. From the singing of John Sinclair of Flotta, collated (Bronson). Around the north and west coasts of Scotland many tales exist of the belief that the grey seal can cast its skin and become a man on dry land.

The Iron Horse (p. 102) Ford. The song also appears in *Shuttle and Cage*, edited by Ewan MacColl.

Bonnie Udny (p. 103) From the singing of Jeannie Robertson.

Fareweel tae Tarwathie (p. 104) By George Scroggie; oral version from John Sinclair of Ballater (collected by A. L. Lloyd).

The Banks of Newfoundland (p. 105) From the singing of Tom Gordon of St. Andrews (collected by P. Shepheard). An updating of the older 'Van Diemen's Land'. The second half of the last verse can be used as a chorus.

The Moss o' Burreldale (p. 106) By G. S. Morris.

Jeannie McPherson (p. 107) Glasgow street song.

The Leaboy's Lassie (p. 108) Duncan Ms. collated with Greig Mss. (Article in *Folk Music Journal* by P. Shuldham-Shaw.)

The Lothian Hairst (p. 109) Traditional – various singers. From the days when squads of men and women were hired to bring in the harvest.

The Trooper and the Maid (p. 110) Child 299. LL. Tune: as sung in revival from LL.

Bonnie Glen Shee (p. 111) From the singing of Belle Stewart of Alyth.

The Brewer Lad (p. 112) From the singing of William Miller. SS.

Hieland Rory (p. 114) From the singing of Jimmie McBeath and Robin Hutchison.

The Handsome Cabin Boy (p. 115) From the singing of Jimmie Brown of Muir of Fowlis.

Kilbogie (p. 116) Child 228 ('Glasgow Peggy'). LL. Probably a rewrite of the older ballad occasioned by the marriage of the daughter of Forester of Kilbogie to MacDonald of Lochaber in the early seventeenth century.

Jock Tamson's Tripe (p. 118) Text from Greig Mss., tune from Jimmie McBeath.

Guise o' Tough (p. 120) *FSNE*. Tune: traditional – various singers.

Tramps an' Hawkers (p. 122) From the singing of Jimmie McBeath. Often attributed to Besom Jimmy, an Angus hawker of the last century, but widespread in the tradition by the time Gavin Greig was collecting, seventy years ago.

Captain Ward (p. 124) Child 287. *LL* (tune B). Said to be based on John Ward, a pirate from Kent in the years 1604 to 1609, in the reign of James I.

The Balena (p. 125) From the singing of Bruce Laurenson of Lerwick. The Balena sailed from Dundee which, along with Aberdeen, Peterhead and Montrose, was an important whaling port in the first half of the nineteenth century. Within fifty years the industry was dead, killed by its own efficiency. But a number of songs were left, telling of hardships and dangers in the icy Greenland waters.

The Forfar Sodger (p. 126) From the singing of Rob Watt (m.a. and cuts).

Fa' Wid Be a Bobby? (p. 127) Aberdeen children's song.

Prince Charlie (p. 128) Tune from the singing of Jock Cameron (School of Scottish Studies). Broadsheet version of a song better known as 'King Farweel'. (See *Chapbook* for version added to by Andrew Hunter.)

Plooman Laddies (p. 129) From the singing of Lucie Stewart of Fetterangus.

The Stoutest Man in the Forty Twa (p. 130) From the singing of John Strachan.

My Brither Bill (p. 131) Traditional children's song.

Harlaw (p. 132) From the singing of Jeannie Robertson (m.a.), (School of Scottish Studies). Describes the Battle of Harlaw, fought in 1411. Often seen as the victory of the Lowland Scots over the Gaels in the struggle for hegemony in Scotland.

The Soldier Maid (p. 134) *FSNE* (m.a.).

Tune from the singing of Mrs. Horn of Aberdeen.

Katharine Jaffray (p. 136) Child 221. *LL,* version B.

Hughie the Graeme (p. 138) Child 191. Collated (based on version from Buchan Mss.). Tune: *LL.*

Johnnie Sangster (p. 140) Rymour.

Erin-go-Bragh (p. 141) Ford. A reminder that anti-immigrant attitudes today had their parallel in the 'no Irish need apply' prejudice of the last century.

The Wark o' the Weavers (p. 142) By David Shaw of Forfar. Ford and *101.*

The Kielder Hunt (p. 144) From the singing of Willie Scott and the School of Scottish Studies. A Northumbrian song now established on both sides of the Border. Written by James Armstrong of Redesdale in the nineteenth century.

Herrin's Heids (p. 146) From the singing of Lottie Buchan of Peterhead.

Hot Asphalt (p. 147) From the singing of Robin Hutchison. A Scottish-based song from the Irish 'navvies' of the nineteenth century.

The Bonnie Bunch of Roses (p. 148) Christie. A popular nineteenth century broadsheet ballad. The title is a reference to the red coats of the British Army.

Killiecrankie (p. 150) Hogg. The battle was won in 1689 but the victor, Graham of Claverhouse ('Bonnie Dundee'), was killed. His death ended Jacobite hopes in Scotland at that time.

John Barleycorn (p. 151) Traditional. A totemistic hymn in praise of drink. The mythology involved goes back to pre-Christian times. (A longer version can be found in most Burns' collections.)

GLOSSARY

The Scranky Black Farmer
scranky, mean

Jock Hawk
spleuchan, tobacco pouch
spunk, spark

Ludgin' Wi' Big Aggie
single-end, one-roomed tenement house

The Shira Dam
clachan, small village

The Freedom Come-All-Ye
roch, rough
heelster gowdie, turning head over heels
gar, make
rottans, rats
gallus, bold and confident
callants, youths
crousely, boldly
clachan, small village
hoodies, crows
barley bree, whisky
geans, wild cherries

The Shuttle Rins
crouse, bold

Tattie Jock
kinnle, light
tae scran, to clean and tidy up

Tatties an' Herrin'
tatties, potatoes
tak' wyss, take care

Lamkin
nourice, nurse
fause limmer, false and wicked woman
by his gair, at his side
bore, chink

Mains o' Culsh
muckle fee, big wage
adee, to do
loan, path
meer, mare

Fisherman's Wife
bide your lane, remain at home alone
dree your weird, endure your fate

Miner's Lullaby
coorie doon, snuggle down

The Burning of Auchindoun
crouse, bold
tint your wings, had your wings clipped

The Ewie Wi' the Crookit Horn
keel, branding mark
sweir, stubborn
ca', drive
mishanter, disaster
fumart, polecat
for a' the tyke, despite the dog
thraw, wring
strae-death, natural death
win aboon't, get over it
ava', at all

The Maskin Rung
birken, birch
buskit, dressed

Wha's Fu'?
fu', drunk
lintie, linnet

The Forester
tirled upon the pin, knocked on the door

Fisherrow
mussle-pock, sack for mussels
timber-stairs, pillory
bidden, stayed
kend, known
cutty stool, stool of repentance

Hame Drunk Cam' I
pair o' steys, corset
chantey pot, chamber pot

Wha'll be King but Charlie?
gar, make
ferlie, wonder

The Border Widow's Lament
poined, seized
making my mane, mourning
happed, covered
wae, full of woe

Fine Flowers in the Valley
twinn'd, severed
howket, dug

Where is the Glasgow?
totties, potatoes
totty scones, potato scones
wean, child
jorrie, a marble
peerie, a top
gird wi' a cleek, hoop with a stick
cadge a hudgie, sneak a ride
dreep aff a dyke, slither down a wall
Chickie Mellie,
Hunch, Cuddy, Hunch, } street games
nyaff, (untranslatable) an objectionable and
   complaining little fellow
steamie, wash-house
shilpet wee bauchle, (untranslatable) under-
   sized and insignificant man
glaiket big dreep, (untranslatable) not very
   bright, tall and mournful

Tullochgorum
gars, makes
sumph, idiot

Lassie Wi' the Yellow Coatie
kail, colewort (a green vegetable)
but an' ben, a cottage with a kitchen and one
   other room
genty, neat and tidy
mailen, farm
vogie, jaunty

Dainty Davie
leeze me on, I love (literally, blessings on)
pow, head

157

The Shepherd Laddie
tirl upon the pin, knock on the door
loan, the green beside the house

The Cuckoo's Nest
herryin', plundering

The Birken Tree
a' the lave, everyone else
birken, birch
lippen, count on it

Mount and Go
kailyard, kitchen-garden
wecht, weight

The Kelty Clippie
stravaig, ramble
chaff, witty chatter

The Band o' Shearers
gravat, scarf

The Swan Swims Bonnie
play its lane, play by itself

Birnie Bouzle
kirtle, gown
couthy, comfortable
canty, cheerful
tocher, dowry

The Laird o' the Dainty Dounby
lea, dear
unco, very
cowks, is sick
kail, colewort (a green vegetable)

The Bonnie Lass o' Fyvie
wan intae, reached

The Spinner's Wedding
chanty, chamber-pot
saut, salt

The Jolly Beggar
hooly, gently
rive, tear open
mealie pokes, bags of meal
duddies, tattered clothes

The Iron Horse
ruggit, pulled
kist, chest
fand, searched
tint, lost

The Moss of Burreldale
besom, brush
tillypan, shallow pan
shelt, ⎱
shaltie, ⎰ pony
callant, youth
whins, furze or gorse
pyok, bag

The Leaboy's Lassie
dyster lads, dyers (of cloth)

The Lothian Hairst
thristle, covered with thistles
toon, farm

bothy, the labourers' living quarters

The Trooper and the Maid
heich, tall
heather cowes, twigs of heather
ousen bowes, cattle yokes
carles, men

The Brewer Lad
sark, vest

Jock Tamson's Tripe
brose, porridge
mutch, woman's close cap
barley bree, whisky
gutta percha pipe, clay pipe
thrapple, throat
whams, blows

Guise o' Tough
fee, a hired job
orra man, general labourer
orra hoose, one of the farm buildings
gaffer, foreman
lowsin' time, the end of the day's work
throw the fur, plough a furrow

Tramps an' Hawkers
bla', meal
tattie scones, potato scones
braxy, from a sheep that has died from natura
causes

The Forfar Sodger
skweel, school
hap, cover
poothered, powdered
fusslin, whistling
oxter staffs, crutches
hirplin', limping

Fa' Wid Be a Bobby?
mealy puddin', a white meal pudding

Hughie the Graeme
Strieveling, Stirling
staw, stole

Johnnie Sangster
bandster, binder of sheaves
thraw, twist
tine, lose
blinket, deceived
grumphie, sow
bucht, sheep-fold
creesh, grease
theek, line

Hot Asphalt
shakrins, good-for-nothings
dudyen, pipe

Killiecrankie
brankie, gaudy
cantie, cheerful
furr, ditch
clankie, blow
gled, kite
loof, hand
slaes, sloes

INDEX